JN098082

23
Mundus Scientiae

「アーサー王物語」
に憑かれた人々

19世紀英国の印刷出版文化と読者

不破有理

THE
MOST ANCIENT
AND
FAMOVS HISTORY
Of the Renowned
PRINCE ARTHVR,
KING OF BRITAINE.

慶應義塾大学教養研究センター選書

目　次

📝 Column

はじめに

　アーサー王伝承の持つ魅力とはなにか。モデルといわれる人物は霧に包まれ、はるか昔のブリテン（イギリス）を舞台とするにもかかわらず、なぜ21世紀の日本において、いまなお新しい作品が誕生しているのか。

　アーサーは6世紀前後に活躍したとされるが、同時代人と目されるギルダス（Gildas）の警世の書『ブリタニアの破壊と征服』にその名はない。名もないその人物は、ブリテン島を四方から窺う異民族の侵攻を、数々の戦いで押しとどめた戦いの指導者として、9世紀頃の年代記に初めてアーサーの名で登場する。この『ブリトン人の歴史』といわれる書でアーサーは 12 の戦いで勝利し、ベイドン山では聖母マリアの御印をつけた盾を片手に、一日で 960 人ものサクソン人をなぎ倒し大勝利をもたらす。この伝承によってアーサーはたぐいまれな武将として記憶されることになったのだろう。しかし、である。戦いのヒーローは古今東西多く存在する。なぜアーサーなのか。

　この問いの解を求めて、アーサー王伝承をはるか見渡してみると、いくつかの契機が伝承の展開上にあったことに気づく。その一つが、サー・トマス・マロリー

（Sir Thomas Malory）による英語のアーサー王物語『アーサー王の死』（*Le Morte Darthur*, 1485 年）の出版である。写本から活版印刷されたことによって『アーサー王の死』は、読み継がれ、現代に至る。出版から 550 年近く経てなお、手にされるテクストは世界でも多くはないだろう[1]。しかしマロリーのテクストは 1634 年を最後に 180 年以上も刊行されず、空白の 18 世紀が横たわっている。もし、『アーサー王の死』が再び、人々の関心を集め、復刻出版されなければ、アーサー王は息を吹き返すことなく、忘却の彼方に沈んでいたにちがいない。それならば、沈黙を破ったテクストはどのように誕生したのか、アーサー王に魅惑された人々がかかわった印刷・出版の舞台裏に注目することによって、アーサー王伝承の謎にも少しは近づけるのではないか。

　「グーテンベルクの銀河系」と称される活版印刷技術の発見によって——それは西洋世界の印刷史観だが——テクスト、書物、読者、読み方が変わったといわれている[2]。テクスト、書物のカタチ、読書形態という 3 つの極がせめぎ合うことによって、読みが立ち現れる[3]。活版印刷技術は基本的に 19 世紀の産業革命が進展するまでほとんど変化しなかったといわれる。本書で扱う 1816 年のマロリーの『アーサー王の死』のテクストは、印刷技術の革新が起こりつつある時期に出版され、それまでの『アーサー王の死』とは異なる書物形態で登場する。書誌学の泰斗 D. F. マッケンジーが指摘するよう

に、テクストに決定版は存在しえないほど、テクスト自体が可変性を帯びている[4]。写本から活字によって固定化されるはずのテクスト（宮下志朗氏のユーモアに富む語を拝借すれば、活字が死字となるはずだった）が、マロリーの場合、死字どころか、活字化された時点で作者からの離脱が始まる。編集者・印刷者・植字工という人々が、印刷工房という小宇宙で新たな生命を誕生させる。ときに原典テクストから離れたテクストが活字化され躍り出てくるのである。そしてテクストを受ける器としての書物は、モノとしての書物の差異が新たな意味を付与され読者へ届けられる[5]。あらためて、『アーサー王の死』というテクストの誕生にかかわった人々、19世紀の「アーサー王の復活」にかかわる人々、編集者・

---

1)『アーサー王の死』の初期刊行本と主な所蔵先。本書で言及する版の旧蔵者名も併記した。
1485年 Caxton版 STC801 [Short Title Catalogue]
　1) Pierpont Morgan Library, New York（完全本）［Earl Jersey旧蔵］
　2) John Rylands University Library of Manchester（不完全本）
　　　　　　　　　　　　　　　　　　　　　　　　［Earl Spencer旧蔵］
1498年 Wynkyn de Worde版 STC802 John Rylands University Library
　　　of Manchester　　　　　　　　　　　　　　［Earl Spencer旧蔵］
1529年 Wynkyn de Worde版 STC803 British Library
　　　de Worde版は年号と共に付す。
1557年 William Copland版 STC804 Houghton Library, Harvard College
　　　Library
c1578年 Thomas East版 STC805 British Library 他　East版と省略。
1634年 William Stansby版 STC806 British Library 他　Stansby版と省略。
2)「グーテンベルグの銀河系」は M.マクルーハンの用語。『グーテンベルグの銀河系——活字人間の形成』みすず書房、1986年。
3) 宮下志朗『書物史のために』晶文社、2002年、227頁。シャルチエの「読書論」の紹介の一節に負う。
4) D. F. McKenzie, *Bibliography and the Sociology of Texts*, Cambridge: Cambridge UP, 1999, p. 2.
5) 前掲書、宮下志朗、227-228頁。

植字工・印刷工・書籍業者そして読者に目を向け、アーサー王がどのように書物を通じて受け継がれていったのか、探っていきたい[6]。19世紀の初頭には『アーサー王の死』に憑かれた人々が続々登場し、先を争って出版すべく競合が起こる。本書では19世紀のベストセラー作家ウォルター・スコットと後の桂冠詩人ロバート・サウジーとのつば競り合いを第一幕とし、次に1816年版の出版をめぐる劇的な競争を第二幕で扱う。その際、実験書誌学とでもいうべき手法で書物を検分し、印刷の工程を辿り競争の勝敗を分けた要因を探る。些末な技術論にみえるかもしれない。しかし、1816年版の出版競争の謎を解くためには不可欠な検証過程であり、本邦初、いやもしかすると少々誇張に聞こえるが世界初の試みでもある。「推理」を楽しんでいただければ幸いである。第三幕では厳しい道徳観が支配的であったことで知られる英国ヴィクトリア朝において、いかに出版界は『アーサー王の死』を「編集」したのか。ベストセラーとなったグローブ版『アーサー王の死』（1868年）を通して、アーサー王伝承の受容を考察する。

---

6) 本稿は筆者の 2017 年刊行『アーサー王の死』復刻版解説を中心に再構成、加筆訂正した。巻末の初出一覧参照。

第1章　作者トマス・マロリーとは

　中世において、作者の名前が伝わる例は多くはない。英文学におけるアーサー王物語の集大成といわれる『アーサー王の死』（*Le Morte Darthur*）の作者像も長らく判然としなかった。作者トマス・マロリー（Sir Thomas Malory, 1415/18-71）の実像に近づく大きなきっかけは1934年の写本の発見である。この写本は20世紀最大の文学的発見と称され、発見場所の地名に因みウィンチェスター写本と命名された。ウィンチェスターには中世の「円卓」が現存しており、アーサー王伝承ゆかりの地である。

　写本の発見はマロリー学にあらたな論争を巻き起こすことになった[7]。なぜなら、作者マロリーの肉声が残されていたからである。「この書は騎士にして囚人である、サー・トマス・マレオーレによる。神が無事にわが身をお救い給わんことを。アーメン」[8]と牢獄からの解放を願う祈りが記され、さらに「サー・ガレスの物

語」の最後には「この物語をお読みになった方々すべてにお願いいたします、これを書いた者のためにお祈りください、神が早く、すみやかに、解放をしてくださいますよう」[9]。この祈りは衝撃を与えた。作者マロリーが忽然と20世紀に出現したのである。身分は騎士であること、そして少しでも早く牢から釈放されることを願いながら、獄中で『アーサー王の死』を執筆していたことが明らかになったのである。その後の研究によって、「殺人未遂、家畜泥棒、強姦、修道院強盗」等々の嫌疑が明るみになり、学者を困惑させた。強面の悪人とみなされても致し方ない罪状が並ぶこの人物が、あのアーサー王物語の作者なのか。さらに記録によれば、騎士ランスロットなみに窮地から脱出、脱獄すること2回、さらに保釈金による解放2回、しかしエドワード4世の恩赦からは2度除外されており、かつまたいずれの投獄の嫌疑も裁判には至ってはいない。実際は政治犯として身柄拘束のために投獄された意味合いが強かったのではないか[10]。詳細な経歴を公文書から掘り起こしたP. J. C. フィールド（Field）は候補者6名からイングランド中部ニューボルド・レヴェルのマロリーに絞り込んだ[11]。その結果、作者マロリーは1415年頃に生まれ、1445年にはウォリックシャーの議員を務め、バラ戦争（ヨーク派とランカスター派の王位継承争いから始まった内戦）では軍事作戦に同行し、「国王擁立者」（the Kingmaker）の異名を持つウォリック伯（Earl of

Warwick）に近い人物であったことが判明した。『アーサー王の死』は、バラ戦争という内戦を現場で体感した騎士マロリーが獄中で書き綴った物語だったのだ。円卓の騎士の友情と団結、妬みと裏切り、ラーンスロットと王妃グウィネヴィアの真の愛の物語は深く、運命に抗おうとするものの偶然に翻弄されて円卓の人々は最期を迎える。作者マロリーは『アーサー王の死』の筆をおいた翌年、息を引き取る。1471年3月14日、墓碑には「勇敢な騎士」[12]と刻まれたという。

---

7) キャクストン版が読者にとって唯一のテクスト（editio princeps）だったのに対し、Winchester写本の発見によって新しい対立軸が生まれた。写本は編集者ウジェヌ・ヴィナーヴァー（Eugène Vinaver）によって The Works of Sir Thomas Malory（1947）と題され、『アーサー王の死』は8つの物語の合本と定義づけられた。綿密な典拠研究に基づく注釈とともに、ヴィナーヴァー版はマロリー研究の転回点となる。ウィンチェスター写本にくらべ、「アーサー王と皇帝ルキウスの物語」の物語が半分以下に短縮されたことが判明し、その編集者はマロリーかキャクストンかという論争が巻き起こる。この論争に日本人学者が参戦、きわめて精緻な議論が提出され、最終的には中尾祐治氏による統計学的言語分析によって決着をみた。論争は以下の文献参照。Bonnie Wheeler, et al., *The Malory Debate: Essays on Texts of Le Morte Darthur*, Cambridge: D. S. Brewer, 2000.

8) Thomas Malory, *The Works of Sir Thomas Malory*, 3rd edn., ed. Eugène Vinaver, rev. by P. J. C. Field, 3 vols., Oxford: Clarendon Press, 1990, p. 180. 以下、Vinaver-Fieldと省略。

9) Vinaver-Field, p. 363.

10) 加藤誉子氏は、当時、政治犯はロンドン塔に収監されることが多かったので、マロリーがニューゲートに当時投獄されたのは政治的理由でなかった可能性もあると指摘している。髙宮利行・松田隆美編『中世イギリス文学入門──研究と文献案内』雄松堂出版、233頁。以下、『中世イギリス文学入門』と省略。

11) P. J. C. Field, *The Life and Times of Sir Thomas Malory*, Cambridge: D. S. Brewer, 1993.

12) 同上 Field, p. 133. 当時上流の人々が集まるロンドンのグレイフライアー教会に埋葬された。墓碑に刻まれたラテン語はvalens miles.

第2章　『アーサー王の死』の誕生

1．写本から活版印刷へ

　1485年7月31日、バラ戦争の最中に、英語による『アーサー王の死』が活版印刷によって上梓された。印刷者はウィリアム・キャクストン（William Caxton, 1492年頃没）、イングランドに1476年に初めて活版印刷を導入した人物で、大陸で印刷の腕を磨いていた[13]。『42行聖書』で著名なグーテンベルグがマインツで15世紀中葉に印刷技術を実用化して以来、ヨーロッパ各地に印刷技術が拡散していく。1470年代がその時だが、イギリスはその中でも後発組である。キャクストンは生涯で100余りの印刷物を手がけたが、現代においてもなお読み継がれているのはチョーサーの『カンタベリー物

---

[13] ロッテ・ヘリンガ著、徳永聡子訳、髙宮利行監修『初期イングランド印刷史──キャクストンと後継者たち』雄松堂書店、2013年。『中世イギリス文学入門』「ウィリアム・キャクストンと初期印刷本」、245-253頁。

語』とマロリーの『アーサー王の死』のみである。マロリーの『アーサー王の死』は21世紀に至るまで多様なテクストが刊行されているが、テクスト出版の歴史は平坦ではない。

　そもそもアーサー王物語とは、伝説の王アーサーと円卓の騎士たちが繰り広げる愛と冒険と戦いの物語である。アーサーは父ウーサーの略奪婚によって生を享け、みずから犯した近親相姦による息子モードレッドに裏切られ、息子の手によって致命傷を受け、アヴァロンへと姿を消す。円卓の第一の騎士ランスロットはアーサー王への忠義と王妃グィネヴィアへの愛の狭間に引き裂かれ、王妃との愛が円卓の分裂と内戦、アーサーの死を招くことになる。このような作品を初めて印刷するにあたり、キャクストンはその序文において用心深く、やや弁解めいた文面で「複数のジェントルマンから勧められて」印刷を決めたこと、さらに作品がもつ道徳的両義性へ言及している。

　　この書物の中には、高貴なる騎士道、礼節、人間らしさ、他者への親切さ、艱難辛苦を乗り越える力、愛情、友情、卑怯さ、殺人、憎しみ、美徳、そして罪がある。善を行い、悪を遠ざければ、良き評判と名声を得ることができよう。

　『アーサー王の死』は最初の印刷者の序文によって、その読み方が指南されているわけである。アーサー王物

語は道徳という物差しをあてれば、善悪併せもつ物語であり、時代によって「不道徳」の理由が変化する。ここで指摘される「悪」に卑怯さや殺人は含まれているが不義は問題にされていない。だがエリザベス1世の時代になると、女王の教育係であったロジャー・アスカム（Roger Ascham, 1515-68）は「公然と殺人と猥らな恋愛」（open slaughter and bawdry）がまかり通っていると非難し、「聖書に代わって私室の愛読書となった」と嘆いているのである[14]。テューダー朝には5版の『アーサー王の死』が印刷出版された。印刷技術の導入には後発となった英国だが、16世紀中葉以降、ロンドンでの印刷文化の進展は目覚ましい。1541-60年にはヨーロッパ諸国の20傑中5位、1561-80年には4位、1581-1600年にはパリやリヨンを凌いで2位に躍り出ている[15]。このような印刷文化の進展の中で『アーサー王の死』も読者を得て、版を重ねたのである。

　キャクストンの例にみられるように、印刷者はみずから出版する作品を選び、ラテン語やフランス語の原作を英語に翻訳し、編集して出版していた。印刷者と出版者、そして編集者が未分化の時代である。また著作権という発想が誕生する以前の時代では、テクストへの介入

---

14) Roger Ascham, *The Scholemaster,* London: Printed by Iohn Daye, dwelling ouer Aldersgate, 1570, STC (2nd ed.), p. 231.
15) 宮下志朗「マインツからアントワープへ」『プランタン＝モレトゥス博物館展　近代革命がはじまった　グーテンベルクからプランタンへ』印刷博物館、2005年、29頁。

はなんら良心の呵責に照らすべき行為ではなく、編集者の判断で自在にテクストの改変や加筆がなされるのである。キャクストン以降の印刷者は、『アーサー王の死』の「不道徳性」をどのように往（い）なすかが問われることになる。キャクストンの後継者ウィンキン・ド・ウォード（Wynkyn de Worde, 1534年頃没）は1498年版の刊行の際、作品最後に少々説教臭い一節を加筆し、この世の無常を謳い、『アーサー王の死』を読む意義を語る[16]。だが、テューダー朝最後のイースト版が出版される頃になると、『アーサー王の死』への風当たりは一層強くなる。時は宗教革命、ローマ教皇と袂を分かったヘンリー8世の死後、メアリーによるカトリックへの揺り戻しはあったものの、反カトリック感情と絡まり、アーサー王物語は宗教上の理由から批判されることが多くなる。フィリップ・シドニー（Sir Philip Sydney, 1554-1586）の教師ナサニエル・バクスター（Nathaniel Baxter, c1550-1635）は「かの悪名高いアーサー王伝説は」と切り出し、「女たらしのランスロットやトリストラン」の物語であるだけでなく、「冒涜的」で「拙劣で実に忌々（いまいま）しい聖杯の物語」と批判する。聖杯はカトリックの典礼ミサを連想させ、その奇跡は迷信深さの証明なのだ。バクスターが宗教改革者カルバンの翻訳者であることを思えば、厳しい評価も当然の反応かもしれない。さらに1634年のスタンズビー（Stansby）版の場合はチャールズ1世の治世下、言論統制が厳しい時期を切り抜けるために、序

文で「冒瀆的な表現を削除した」と架空の改竄を、おそらく検閲の眼を逃れるために騙る[17]。中世が遠のくにつれ、中世とは「カトリック的」で「迷信」に満ちた時代となり、マロリーの物語に対しても同様の負のラベルが貼られるようになる。序文で架空の改竄を宣言したのは、そのような政治や社会の風の変化に敏感な出版人たちが考え付いた苦肉の策であったのかもしれない。序文に加えて興味深いのはタイトルの変化である。タイトルが題扉に現存するのは1557年のコープランド版からだ。コープランドのタイトルはアーサー王が偉大なるキリスト教徒の初めての王であることを謳い、「最も高貴で尊敬すべきアーサー王の物語」（The story of the moste noble and worthy Kynge Arthur）とある。イーストはコープランドのタイトルをそのまま踏襲している。大きく変化するのがスタンズビー版である。

『ブリテン王にしてかの名高き君主アーサーの最も古くかつ著名なる歴史』と題され、さらに長い副題が続く。「この書には、かの王の誕生と死、サクソン人、サラセン人、異教徒らに対して立派に、この国の栄誉のために、

16）Tsuyoshi Mukai, "De Worde's 1498 *Morte Darthur* and Caxton's Copy-Text," *The Review of English Studies* 51.201 (2000): 24-40. 向井剛氏の論考は以下の書物で読むことができる。『英国初期印刷本研究への誘い──書誌学から文学・社会・歴史研究へ』勉誠出版、2021年。

17）Stansby, "To the Reader," sig ¶ 3v. Tsuyoshi Mukai, "Stansby's 1634 Edition of Malory's *Morte*: Preface, Text, and Reception," *POETICA: An International Journal of Linguistic-Literary Studies,* 36 (Autumn 1992): 38-54.

成し遂げた栄えある戦いのすべてを記したものである。さらに円卓の勇敢なる騎士らの高貴なふるまいと英雄的な行為の数々も併せて記されたり。」つまりアーサーはブリテンという国のために外敵や異教徒と戦った王であり、マロリーの物語は「アーサー王の歴史」になったのである。英語historyには「架空の話」の意味もあるので、歴史historyと物語storyの境界線は薄いともいえる。そもそもアーサー王伝承には年代記の伝統が脈々と続いていたので、「歴史」というジャンルとは親和性が高い。だが、アーサー王のstoryからhistoryへ逆戻りさせているところに出版者スタンズビーのジレンマが読み取れるように思える。前述のバクスターが「かの悪名高いアーサー王伝説」とマロリーの作品を呼んでいるように、冒険や不義の恋の物語は生真面目な時代には、少なくとも表向きには受けが悪い。それならば、歴史書にみせることによって、マロリーを出版できるようにしたのではないか。スタンズビーは序文で出版の弁明を続ける。「この歴史書の価値を貶めるような絵空事や無駄な話があるとはいえ、我らの祖先が犯した誤り全てを削除するのはふさわしくない。」磨き過ぎては「光が強すぎてなにもみえなくなってしまう」から、多少の瑕疵はあっても本書を世に送る。なぜなら偉大なるブリテンの王アーサーの事績を忘却の彼方に埋没させるべきではないからだと繰り返し力説する。出版するためにテクストの「整形」をすること——「冒瀆的な表現」つまり神の名をみだり

に呼ぶ誓言や「迷信的な言語」の削除修正──は、出版者の生き残りの方便であろうか。「印刷の現場で修正した」と述べるが、しかし実際には印刷の現場に指示が届かなかったのか、実際には指示をしなかったのか、幻の改竄となった。スタンズビーのおかげでマロリーのテクストは命を長らえるが、この後、アーサー王は長い眠りにつき、ウォルター・スコットの筆を待つことになる。

2. 空白の18世紀──中世の復権とアーサー王の再臨

　1634年を最後に『アーサー王の死』は200年近く、テクストが上梓されることはなかった。18世紀はマロリー不在の世紀である。その理由の一つは、当時支配的であった中世観が関係するだろう。18世紀を代表する知の巨匠サミュエル・ジョンソン（Samuel Johnson, 1709-84）は、「当時の人々は野卑で、無知蒙昧。中世の識字率は低く、読み書き能力を備えている人は少ない。人がそうであるように、国家にも幼少期がある」と述べ、中世は成長段階に至っていない子供であり、野蛮な時代と断じる。そしてそのような時代に好まれた文学が『アーサー王の死』であり、「ドラゴンやら巨人、魔法に満ち溢れた物語、このような読み物に慣れていると真実を探求する面白みに欠ける書物には関心を持てなくなってしまうのだ」と宣う。18世紀におけるアーサー王物語にはこのような見方が表向きの評価であり（その実、ジ

ョンソンは密かな騎士道ロマンスの愛読者であったらし
い）、マロリーのテクストが出版されなかったことにも
一部、道理があったわけだ。

　中世を公然と論じる際に警戒感とでも呼べる態度が
キャクストンの伝記作者にもみられる。ジョン・ルイス
（John Lewis, 1675-1747）はキャクストン伝としては初め
ての『ウィリアム・キャクストン──イングランド初の
印刷業者』(1737/38)を刊行するにあたり、なぜキャクス
トンの伝記を出すのか、その言い訳を注で並べ立ててい
る。初の英文学史といわれる『英国作家作品目録』の著
者ジョン・ベイル（John Bale, 1495-1563）の権威を借り、
彼のキャクストンへの評価を援用しながら、伝記執筆の
弁明をする。ベイルによれば「キャクストンは愚鈍でも
怠け者でもない」とのことなので、キャクストンが愛好
した『アーサー王の死』には道徳面で疑義はあるが、伝
記を執筆することにしたという[18]。品行方正な人物と作
品でなければ研究対象から除外すべきなのだろうか。ル
イスは慎重に印刷者の道徳性とその印刷物の道徳性は分
けて考えるべきと述べるのである。つまり『アーサー王
の死』は不道徳という評判が18世紀初頭には定着してお
り、その印刷業者の伝記を書く際にためらいを生んでい
るわけで、中世をまともに研究対象とすることをよしと
しない知的風土が存在したことがわかる。本伝記には後
日談まである。ルイスはキャクストンの肖像画にイタリ
ア詩人の版画を借用、さらに威厳を高めるために顎髭ま

図1　ジョン・ルイス『キャクストン伝』（1737年）（左）
図2　キャクストンの肖像画（1737年）（右）

で追加してしまう。中世には威厳を添える必要があった
のか、ルイスの苦心の跡が残る伝記である（図1、2）。
　興味深いことに、この虚偽の肖像画はルイスの死
後、1749年にジョゼフ・エイミス（Joseph Ames, 1689-
1759）による『古活字の遺物：印刷の歴史』（*Typograph-
ical Antiquities: The History of Printing*）に再登場し、イン
グランド活版印刷の祖ウィリアム・キャクストンの肖像

18）John Lewis, *The Life of Mayster Wyllyam Caxton, of the Weald of Kent; the First Printer in England. In which is given An Account of the Rise and Prog- ress of the Art of Pryntyng in England, During his Time, till 1493, Collected by John Lewis, Minister of Margate in Kent*, London: [s.n.], Printed in the year 1737, p. viii.

SUPPOSED PORTRAITS OF CAXTON. *Vide p. ccxviii.*

図3　ディブディン（1810年版）のキャクストン肖像画

画として流通することになる。エイミスは活字の差異によってキャクストンの出版物の年代を推定する手法を採用し、「印刷史研究の先駆者」とロビン・マイヤーズ（Robin Meyers）が評価する人物である。本書にはキャクストンが手がけた印刷物の序文や章見出し（Chapter Heading）がたっぷり魅力的に復刻されている。アーサー王は「我々イングランド人に最も記憶されるべき、最も立派なキリスト教徒の王」という最上級の賛辞が重ねられ、かつまた『アーサー王の死』は称賛すべき書物であるというキャクストン自身の「推薦の言葉」が刻まれている。マロリーの復権とアーサー王復活への道筋をつけたといえるだろう。

　1810年にはT. F. ディブディン（Thomas Frognall Dibdin, 1776-1847）によって大幅な増補版が刊行さ

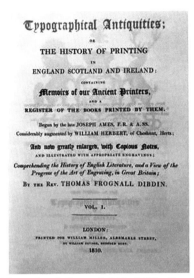

図4　ディブディン（1810 年版）の
『古活字の遺物：印刷の歴史』題扉

れ（図3、4）、さらにマロリーの露出度が高まる。印
刷史の研究とともに、キャクストンの出版物が紹介さ
れ、『アーサー王の死』は 19 世紀初頭英国の書物愛好
家の注目を浴びることになるのである。18 世紀におい
て、活字の変遷史や印刷の歴史研究の分野においてキャ
クストンが注目され、キャクストンとともに、マロリー
の『アーサー王の死』の再評価が始まり、テクスト待望
の土壌を醸成する一端を担ったといえる[19]。

---

19) 拙論参照。Yuri Fuwa, "Paving the Way for the Arthurian Revival:
William Caxton and Sir Thomas Malory's King Arthur in the Eighteenth
Century," *Journal of the International Arthurian Society* 5.1 (2017): 59-72.

3. 愛書家たちの探索──キャクストン版とド・ウォード版の発見

　『アーサー王の死』を出版するためには、まず底本、すなわち、印刷の活字に起こすためのもとのテクストを決める必要がある。初版キャクストン版が印刷された1485年からは350年あまり、スタンズビー版の1634年からでも180年が過ぎているので、テクストを確保するのは容易ではない。テクスト探しから復刻印刷の物語は始まる。そしてマロリーのテクストの出版史上、1810年代はマロリー再発見を喫する記念すべき10年となる。

　キャクストン版『アーサー王の死』は2部現存する。ニューヨークのピアポント・モーガン（Pierpont Morgan）図書館蔵が完本、もう一方がマンチェスター大学ジョン・ライランズ図書館（John Rylands Library）所蔵のテクストで、こちらには11葉の欠落がある。19世紀初頭までにキャクストン版はすでに亡失したと考えられていたが、1810年にまずサー・ウォルター・スコット（Sir Walter Scott, 1771-1832）はジャージー伯夫人がキャクストンを所蔵していることを突き止めた[20]。このキャクストンが完本、上述のモーガン図書館版である。1812年には現存する唯一のド・ウォード版（1498年）がロクスバラ公爵（Duke of Roxburghe）の蔵書の競売カタログに登場し、衆目の関心を集める。この愛書家垂涎のオークションで、語り草となる「事件」が起こるのである。ジョージ・ジョン第2代スペンサー伯

爵（George John, second Earl Spencer, 1758-1834）　と
ブランドフォード侯（Marquis of Blandford）が、1471
年版ボッカチオの『デカメロン』をめぐり競り合い、
2,260 ポンドという空前の高値で競り落としたのはブラ
ンドフォード侯だった。ちなみに、ブランドフォード
侯はすでに相当の借金を抱えていたにもかかわらず[21]。
「愛書狂」（bibliomania）のことばがまさに表舞台に踊
り出る「事件」となった[22]。『デカメロン』の最終価格
がいかに法外な金額であったかは、当時の年収と比較し
てみると一目瞭然である。1810 年の統計によれば、外
科医の平均年収が 217.60 ポンド、熟練印刷工が 79.22
ポンドである[23]。医師の年収の 10 年分を超え、熟練印
刷工の生涯賃金に近い金額が 1 日で 1 冊の本に注がれた
のだから、競売会場の興奮が目に浮かぶようだ[24]。その

20）*The Letters of Sir Walter Scott,* ed. H. J. G. Grierson, 12 vols., 1932, reprinted, New York: AMS, 1971, vol. 2, p. 417. 以下、Scott Letters と省略。1810 年 12 月 29 日付のロバート・サウジー宛の書簡。

21）Anthony Lister, "George John and Thomas Frognall Dibdin," in Publishing History Occasional Series 2, *Bibliophily,* ed. Robin Meyers and Michael Harris, Cambridge; Alexandria, VA: Chadwyck-Healey, 1986, p. 96.

22）「ビブリオマニアの決定的瞬間」（a defining moment in bibliomania）と評されている。 Robert Harding Evans, *A Catalogue of the Library of the Late John, Duke of Roxburghe,* with an introduction by Ed Potten, Cambridge Library Collection, London: Printed by W. Bulmer and Co., 1812; reissued, Cambridge: Cambridge UP, 2014, [p. 1].

23）Jeffrey G. Williamson, "The Structure of Pay in Britain, 1710-1911," *Research in Economic History* 7 (1982): 1-54. "Nominal Annual Earnings for various Occupations in England and Scotland," Data prepared by Jeffrey G. Williamson, 1982. ⟨http://www.pierre-marteau.com/ currency/ indices/uk-03.html⟩

24）2022 年 9 月の換算では、およそ 1.8 億円である。

場に居合わせたディブディンが中心となり、この競売を記念して世界最古の愛書家倶楽部といわれるロクスバラ・クラブが1812年6月に創設される。会長には、『デカメロン』の競売では競り負けたが、現存する唯一のウィンキン・ド・ウォード版の『アーサー王の死』（1498年）を落札したスペンサー伯が就任した。スペンサー伯は4万冊の蔵書を誇りヨーロッパ大陸でも有数の蒐集家としてその名を轟かせた人物である。そして立ち上げメンバー18名の一人が、1816年ウィルクス版の編集者となるジョゼフ・ヘイズルウッドだった。

　1815年11月には北ウェールズのセント・アサフ近く、ウィグフェアから、それまでその存在を知られていなかったキャクストン版が忽然と姿を現す。これが現存する第二のキャクストン版である。ウェールズの名家ジョン・ロイド（John Lloyd）の旧蔵書で、11葉が欠落するものの、320ポンドで競り落とされスペンサー伯の蔵書となった[25] キャクストン版とド・ウォードの1498年版『アーサー王の死』を蔵書に加えたスペンサー家は、19世紀のマロリーのテクスト出版史の結節点となる。さらに1529年版のド・ウォード版も、英国教会（アングリカン）の聖職者フランシス・ランガムが所蔵していることが1816年に判明する。これで所在不明であったキャクストン版とド・ウォード版が出揃った[26]（図5、6）。まさにマロリーの『アーサー王の死』復刻版刊行の機が熟したといえるだろう。

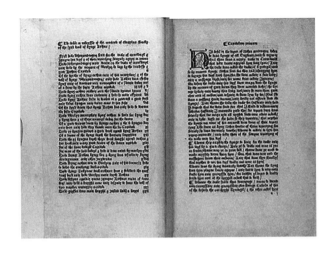

図5　旧スペンサー伯蔵キャクストン版（1485年）
　　　目次最後（左）・本文冒頭（右）

---

25) Gwynfryn Walters, "Bibliotheca Llwydiana: Notes on the Sale Catalogue (1816) of John Lloyd's Library," *National Library of Wales Journal*, Cyf. 10, rh. 2 (Gaeaf 1957): 185-204. ジョン・ロイドの蔵書競売の広報は北ウェールズ新聞（*North Wales Gazette*）に1815年1月30日から1816年1月11日まで掲載され、競売は1月15日から12日間にわたり開催された。

26) [John Fry], *Bibliographical Memoranda; In Illustration of Early English Literature* [Privately Printed], Bristol, 1816, p. 394. 1816年版の編者ジョゼフ・ヘイズルウッドはその序文で、Fry の文献およびランガム所蔵のド・ウォード1529年版にも言及しているのは注目すべきである。ランガムの蔵書については、John Cole, *A Bibliographical and Descriptive Tour of Scarborough*, Scarborough: John Cole; Paternoster Row: Longman, Hurst, Rees, Orme, Brown and Green, 1824 と、自身の編著がある。Francis Wrangham, *The English Portion of the Library of the Ven. Francis Wrangham*, Malton: Printed by R. Smithson, Jun. bookseller and stationer, in Yorkersgate, 1826. 現在は大英図書館所蔵: Grenville Collection (G.10510).

図6　ド・ウォード版（1498年版）
　　　目次最後（左）・本文冒頭（右）

第3章　『アーサー王の死』の出版競争第一幕
──ウォルター・スコット対ロバート・サウジー

1. スコットの探索1807年から──キャクストン版を求めて

　1807年ほぼ同時期に、19世紀初頭を代表する文人ふたりがマロリー作品の復刻に向けて動き出していた。ベストセラー作家であり詩人のスコットと後の桂冠詩人ロバート・サウジー（Robert Southey, 1774-1843）の間に駆け引きが始まる。1807年3月14日にサウジーはマロリーの初期刊本を照会する書面をリチャード・ヒーバー（Richard Heber, 1774-1833）へ送り、11月13日にはロングマン宛てに、「古ロマンス」シリーズとして、マロリーの『アーサー王の死』を刊行する希望を伝えている。一方、スコットも1634年のスタンズビー版しか所有しておらず、信頼に足るテクストを懸命に探していた。スコットは自分の出版構想を1807年11月18日にサウジーの問い合わせ先と同じヒーバーに語り、復刻する際の助言を求めているのである。

さて、古い騎士道ロマンスである「アーサーの死」を再版する件で、ぜひとも助言をいただきたい。この点——つまり匿名で注は付けずに——刊行すると心に決めました。古い英語の騎士道物語の貴重な標本として保存すべく。好古家(こうこか)向けの本にはしたくないので、1636年［ママ］のスタンズビー版から復刻するつもりです[27]。言語はそのままでまったく問題ないと思います。とはいえ、印刷に入る前にご意見、いやむしろ、この版より古い諸版について、またどの程度本文異同の校合が必要なのかについてご教示いただきたい。スコットランドで目にできるのは17世紀の版ばかりです。キャクストン版は今や所在不明かと思うので、どの版が最古の版なのか、エドワード6世の治世の版が現存しているのか、ぜひともご教示いただきたい。誓言や冒瀆など、かの編集者が目くじらを立ててサー・トマス・マロレ［＝マロリー］のテクストから追い出してしまった箇所を、できれば復元したいと願っています[28]。

　ヒーバーといえば稀代の蔵書家として知られ、国内外の拠点に約15万冊の書物を蔵した人物である。ヒーバーの蔵書競売目録には、驚くべきことにウィリアム・コープランド版（1552年）が2部、トマス・イースト版（1578年頃）も1部記載されている[29]。ヒーバーは常々、「書物は3部所蔵すべし、1部は自分の参照用、1部は書棚に飾るため、1部は貸し出すため」と豪語していたことで知られている。スコットもサウジーもほぼ同時期にヒーバーにマロリーの初期刊本について問い合わせており、ヒーバー文庫が文献照会を受ける私設図書館のよう

な役割を担っていたようだ。

　このスコットの書簡によれば、1807年11月の時点で
スコットはキャクストン版が存在するとは知らず、また
スタンズビー版を削除版と思い込んでいたことがわかる。
しかも削除された箇所を復元するために、底本とすべき
より古く、完全なテクストを探していた。より原作に近
い完全なテクストを刊行しようとするこの姿勢は中世ロ
マンス『サー・トリストラム』の校訂本を世に出した中
世学者としての片鱗を示している。そして同年同月スコ
ットはサウジーに書き送る。

　「アーサーの死」の小型版を、英語の騎士道の古い記録を
　ただ保存するべく、出版することを考えています。しかしな
　がら私のテクストは 1637 年[ママ] で後版なので、校合す
　るために以前の古い諸版を見つけ出さなければなりません。
　キャクストン版は発見不能だと思いますので[30]。

　この書簡に、サウジーは即座に反応した。 12月8日
付けの返信である。

---

27)「好古家」の原文antiquary は時に揶揄される対象だが、ここでは過
去の事物を研究の対象とする古物研究者を想定していると思われる。ま
たスタンズビー版の出版年は1634年だが、スコットは書簡で1636年や
1637年と誤記することが多い。
28) Scott Letters, vol. 12, pp. 296-297.
29) *Bibliotheca Heberiana: Catalogue of the library of the Richard Heber*, 4 vols.,
[London: [s.n.], 1834-37]. ヒーバーの蔵書競売目録第4部（1834年、ピムリ
コの自宅蔵書）ロット197番にトマス・イースト版、ロット198番には
ウィリアム・コープランド版、さらに1835年第7部ロット597番に「非常
に不完全」と記述されたコープランド版がある。
30) Scott Letters, vol. 1, p. 390.

あなたの書簡は雪のために一週間遅配されました。もっと早く書いてくださっていたら、またもっと早く届けられていたら、あるいは私が長年温めてきた「アーサーの死」の編集の件をあなたにお知らせしておけばよかったと願わずにはいられません。残念ながら先んじて着手しておりました。この件については唯一あなたが、私と同程度に、いや、ひょっとすれば私よりも首尾よく、かつまたわずかな労力でやり遂げることができる唯一の方であろうと思うから残念です。私の計画では円卓の物語に関する完全な文献一覧を序文に付け、作品の各章の典拠を注に付す予定です[31]。

　両者の出版計画が交差した瞬間である。スコットが「小型版」で出版を考えているのに対して、サウジーが「完全な文献一覧と序文」、さらに典拠の注を付す計画なので、両者の出版構想の差は歴然としている。テクストの校訂にこだわる一方、ベストセラー作家としてのスコットの横顔が『アーサー王の死』の出版計画には覗く。より多くの人が手に取りやすいポケット版が念頭にあったわけで、書物のサイズと体裁が問題だったのである。

2. スコットによるベストセラー戦略──書物のサイズと体裁

　サウジーがロングマンに『アーサー王の死』の復刻を推した1か月ほど前、1807年10月11日に、書籍販売業のウィリアム・ミラー（William Miller）にスコット

は書簡を送る。

　彼［ジェイムズ・バランタイン（James Ballantyne, 1772-1833）、スコットの印刷業者］に復刻したい本を手渡しておきました。もし気に入るようだったら君に出版をしてもらいたい。

　『アーサー王の死』と呼ばれる黒字体の有名な騎士道ロマンスで、なかなか素晴らしい古英語で心躍る冒険譚が書かれている。1、2ページの序文──おそらく1、2シート分程度──と自分のイニシャルだけ添えるつもりだ。この興味深い物語には『マーミオン』で頻繁に言及しておいたので、『マーミオン』が売れればこの騎士道ロマンスのささやかな一冊もきっと売れるだろう（500部、せいぜい750部）。となれば、同様の方式でほかの作品の復刻出版への道筋もつけることになる。もしこの企画に関心がないようであればこの話は秘密にしておいてほしい。ただ、この書物の体裁などについてご意見をいただきたい。見栄えのよい本にしたいと思うが、豪華版である必要はない。バランタインはエリスの『初期英語詩人文選』のような体裁、小さ目の4折本［A5判程度］でもう少し古風な装丁で出せば、50から100部はすぐにはける

---

31) *The Life and Correspondence of Robert Southey*, ed. Rev. Charles Cuthbert Southey, 2nd ed., 6 vols., London: Longman, Brown, Green, and Longmans, 1850, vol. 3, p. 125. ロバート・サウジーの書簡はインターネット上で公開されている。*A Romantic Circles Electronic Edition: The Collected Letters of Robert Southey*, General editors, Lynda Pratt, Tim Fulford and Ian Packer, The Collected Letters of Robert Southey is divided into Eight Parts: I: 1791-1797, II: 1798-1803, III: 1804-09, IV: 1810-15, V: 1816-21, VI: 1822-27, VII: 1828-33, VIII: 1833-39. 以下、Southey Letters Online と省略し、書簡番号を付す（https://romantic-circles.org/editions/southey_letters 2022年9月27日閲覧）。

だろうと言っている。・・・ おそらく2巻本になると思う。実際のところ、私にとってほとんど何も手間はかからず、なにか責務を負うとしても単に自分の人気を活用すればよいだけなので[32]。

　この書簡で注目すべきは、スコットが本のサイズや装丁について出版者ミラーの意見を求めている点である。1807年10月の時点で、『アーサー王の死』を世に出す際に、書物のカタチ選びが売り上げを左右することをスコットは熟知していた。さらに自分の作品をヒットさせ中世騎士道ロマンスの校訂本の売り上げを確保するという販売サイクルを作ろうとしたことがわかる。1808年に『マーミオン』は出版されると、初版は31シリング5ペンスという高額であったにもかかわらず2,000部印刷され、1か月後には売り切れ、その後マロリーの1816年版が刊行される前年までに9版、合計2万8,000部が増刷、販売された[33]。初版の判型は4折本であるのに対し、増刷版は8折本に変更されている。また価格は当時の小型版の値段である12シリングに設定されており、大衆版と差別化していることは明白であり、小型廉価版が増刷を後押しする出版戦略であったことは間違いない。スコットは『マーミオン』の巻末付録に『アーサー王の死』は騎士道物語の素晴らしい雛形であり純粋な古の英語で書かれ、心躍る冒険の数々が崇高さをたたえる素朴さで語られている、と中世の憧憬も交えて、『アーサ

ー王の死』を称賛している[34]。

　100年前には、キャクストン伝を出版するにあたってジョン・ルイスがあれほどの言い訳をしなければならなかったことを思うと、時代は様変わりである。これほどの賛辞を時代の寵児であるスコットが送る『アーサー王の死』とはどのような作品なのか、否応なく読者が好奇心を掻き立てられても不思議ではない。読者の期待に応じるかのごとく、スコットは「本来ならもう少し引用すべきだが、ここで引用はやめておく」と読者をじらし、「この興味深い作品は近く復刻される」と、さらりとかわす。つまり、スコットは自ら『アーサー王の死』を編集出版することを見越して、自作の付録の中に出版予告を組み込んでいるのである。これ以上の宣伝文句はない。スコットのベストセラーに後押しされマロリーの『アーサー王の死』は着実に注目度を上げたといえるだろう。

　スコットは着々と出版準備を進めていた。しかし、前述のとおり、1807年に送った手紙がきっかけとなり、サウジーがマロリーの復刻版を準備していることを知る。実際にはスコットの方がはるかに出版準備は捗っていた

32）Scott Letters, vol. 12, p. 296, n. 1.「ただ、この書物の体裁」から文末までは、スコット書簡集では省略されていたため、以下の文献から補完した。Barry Gaines, "The Editions of Malory in the Early Nineteenth Century," *Papers of the Bibliographical Society of America* 68 (1) (1974): 1-17, [2-3]. 以下、Gaines 1974と省略。
33）William St Clair, *The Reading Nation in the Romantic Period*, Cambridge and New York: Cambridge UP, 2004, p. 634. 以下、St Clair と省略。
34）"Marmion" (1808) in *The Poetical Works of Sir Walter Scott, Bart. Complete in One Volume*, Edinburgh: Robert Cadell, 1841, p. 145, Note A.

にもかかわらず、「長年温め」「残念ながら先んじている」と主張するサウジーに譲るのである。委譲の返事をしたものの、スコットはかなり口惜しかったらしく、サウジーの計画を知らせなかったヒーバーをなじる書簡を翌年2月20日に送っている[35]。実際にはスコット版が、19世紀のマロリー復刻第一号の栄誉に輝くはずであったのだ。

3. スコットの挫折、そしてサウジーへ

　19世紀のマロリー復刻第一号をめぐるボールはスコットからサウジーへと渡ったが、最終的にロングマンからサウジー版が上梓されたのは1817年である。紆余曲折を経てサウジー版が日の目を見るまでには10年の時を経ねばならなかった。まず1809年にロングマンが『アーサー王の死』の出版延期を決めたため、今度はサウジーがスコットにマロリーの出版企画を譲ると書き送る（サウジーの中世ロマンスシリーズの売れ行きは芳しくなかったのである）。さっそく、おそらく嬉々として、スコットはテクストの校訂準備を再開する。『マーミオン』の売り上げは堅調で、スコットが『アーサー王の死』を刊行していれば、本格的なアーサー王物語の復活も早まっていたであろう。しかしながら、スコットの前に立ちはだかったのが、スタンズビー版の序文に書かれた「虚偽の編集方針」と、底本とすべき『アーサー王

の死』のテクスト入手の困難さである。スタンズビー版の序文に公言されていたテクスト改変を文字通り信じたスコットは、「誓言や冒瀆など、かの編集者が目くじらを立てて……テクストから追い出してしまった箇所を復元したい」と願い、より原作に近いテクストの探索に労していたのである。1810年12月29日、サウジーに遅々と進まない状況を釈明している。

> 私の動きを鈍らせているはただひとつ、並版のスタンズビーを唯一その存在が知られているキャクストン版と校合したいと切に願っているのですが、その校合をする目途がたたないことです。そのキャクストンはジャージー伯爵夫人が所蔵しています[36]。

1810年の時点で唯一存在が知られていたキャクストン版は、オスタリー・パークのジャージー伯爵夫人所蔵であった。しかしながら、実際にジャージー伯爵夫人がキャクストン版への所有権を行使できるようになるのは、バリー・ゲインズ（Barry Gaines）によれば1819年のことなので、原本に忠実なテクストを探すスコットの『アーサー王の死』出版計画は頓挫せざるをえなかった[37]。ボールはスコットからサウジーへと再度、渡されたのだった。

---

35) Scott Letters, vol. 12, p. 298.
36) Scott Letters, vol. 2, p. 417.
37) Gaines 1974, 8.

4. ロングマンの帳簿の謎——1815年4月〜1817年7月

　スコットからサウジーに託された『アーサー王の死』は、スコットが手にすることができなかったキャクストン版を底本とし、ロングマンから出版された。1817年のことである。出版に要した経費が記載された帳簿が残存している。『アーサー王の死』の項目が初めて登場するのは、1815年である[38]。ロングマンの帳簿によれば、「アーサー王」の記録は3箇所に記載されている。1815年4月28日、1816年2月22日、そして1817年7月18日である。1815年にロングマンが「アーサー王」の出版に向けて動き出したことは間違いないようで、同年にディブディンが『スペンサー文庫』（*Bibliotheca Spenceriana*）に近刊の予告をしている。しかし不思議なことに、ディブディンによれば、復刻されるテクストはキャクストン版ではなく1498年のド・ウォード版で、また編集者はサウジーではなくジョン・ルイ・ゴールドスミド（John Louis Goldsmid）である[39]。1815年4月28日の帳簿には活字Hの注文記録が残っており（図7）、ディブディンの予告通り、ド・ウォード1498年版を底本とし、ゴールドスミドがテクストの転写と編集を担当し、出版準備が進められていたことを裏付けている[40]。1815年4月に出版準備が始まったものの、実際に刊行されたのはキャクストン版で編集者はサウジーであり、明らかにディブディンの予告とは異なる内容である。帳

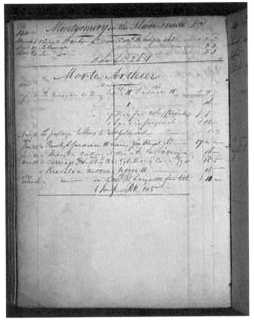

図7　ロングマンの帳簿 1815年4月28日

簿に残る最後の日付は 1817年7月18日で、サウジー版
の出版作業の完了を示している。この2年3か月の間な
にが起こったのか。

　予想外の事態が発生していた。サウジーは 1815年12
月15日の書簡で、「ジョン・ルイは人妻と出奔、ロング

---

38) Longman Archives, C1: Miscellaneous publication expenses ledgers
1A, P218.
39) T. F. Dibdin, *Bibliotheca Spenceriana*, London: Longman, 1815, vol. 4, p.
404. Gaines 1974, 8.
40) 同上, vol. 4, p. 404. Gaines, 1974, 9.

マンは大混乱」、そして「ついに『アーサーの死』の編集は私に任されることになった」こと、しかも「200ポンドという破格の報酬付き」と嬉々と書き記している[41]。興味深いことにロングマンの帳簿に「パリのゴールドスミド氏への郵送代」が1815年11月11日に計上されている。書簡の内容は知る由もないが、前述したようにこの時期に、北ウェールズで新たなキャクストン版の所在が確認されている。ロングマンが競売情報をいち早く察知し、『アーサー王の死』の初版を刊行することに商機を見出し、解説担当のゴールドスミドに、底本が変更になることを告げたのではないか。その可能性は充分ありそうだ。ゴールドスミドはフランスのアーサー王騎士道ロマンスの写本に通じており、滞在先のパリは解説を執筆するには好都合であったにちがいない。しかし、ゴールドスミドの蔵書は1か月後の12月11日に競売にかけられてしまう。ゴールドスミドが出奔した理由が騎士道精神に基づくパリの貴婦人の救済であったかどうかは不明ながら、稀なる騎士道文庫は、蔵書主の不在と父と叔父の死に遭い散逸を余儀なくされ、マロリーの『アーサー王の死』はサウジーの手に託されることになったのである。

----

41) *New Letters of Robert Southey*, ed. Kenneth Curry, 2 vols., New York and London: Columbia UP, 1965, vol. 2, pp. 126-127. Southey Letters Online, 2677（Thomas Southey 宛）、Southey Letters Online, 2682（Charles Watkin Williams Wynn 宛）。Goldsmid については拙稿参照。不破有理「「よりよいテクスト」探索の旅：サー・トマス・マロリー『アーサーの死』をめぐる数奇な出版事情と編集者たち」『旅する書物・旅の書物』、慶應義塾大学出版会、2015 年、40-71 頁、とくに 48-60 頁。

19世紀最初の編者になり損ねた愛書家ゴールドスミド

　マロリーのテクスト編集をロングマンから依頼されていたゴールドスミドとは何者か。ロンドン書誌学会とトロント大学図書館の協力のもと制作された英国紋章付き装丁本（British Armorial Bindings）のデータ・ベースによると、愛書家としてのジョン・ルイ・ゴールドスミドの人物像がおぼろげながら浮かぶ。ジョン・ルイはベンジャミン・ゴールドスミドの長男で1789年生まれ、彼の蔵書は「騎士道ロマンス稀覯本の稀代の蔵書」と称されたが、1815年12月11日にロンドンの R. H. エヴァンズ（Evans）によって競売にかけられている。競売は5日間にわたり総数740点、総額2,179ポンド15シリング6ペンスという巨額の売り立てとなった。13世紀の散文ランスロのヴェラム写本を含めフランス語のアーサー王物語の彩色写本や初期刊本などアーサー王研究者にとって垂涎の書物のみならず、「キャクストン印刷工房の見本というべき稀少性の高い完本」との注が付された『王の書』（The Ryal Book, or a Book for a Kyng）が並ぶ。そのカタログの156点目に登場するのが16世紀最後の「きわめて稀少」なトマス・イースト版『アーサー王の死』である[42]。このような蔵書を保有したジョン・ルイ・ゴールドスミドだが、『英国人名辞典』には父ベンジャミンと叔父アブラハムの項目のみで、ゴールドスミド家の醜聞となるジョン・ルイについての記述はない。

　ジョン・ルイの父親ベンジャミンと叔父アブラハムは金融界の大物だったが、本人はもっぱら騎士道物語や歴史書の収集や希少価値のある小冊子を印刷することに腐心していたらしい。1809年に結婚、一男二女を儲けるが、次女が誕生した1814年を境に記録が途絶え、子供は母方の姓を名乗っていることから、このジョン・ルイが編集担当であった人物と同定してよさそうだ。

---

42) 競売カタログには以下の一文が記載されている。"Storye of the most noble and worthy Kynge Arthur, VERY RARE, splendidly bound in morocco, Imprinted by East."

第4章 『アーサー王の死』の出版競争第二幕
──ウィルクス版対ウォーカー版

1. 1816年版の出版競争を読み解く
──ウィルクス版の「読者案内」

　ロングマンの帳簿に残る2番目の「アーサー王」の項目は、ウォーカー (Walker) 版の印刷完了記録で、ほぼ2世紀ぶりのマロリー復活を告げていた。日付は1816年2月22日である。トップを切ったウォーカー版は2巻本、ついで3か月の遅れをとってウィルクス（Wilks）版が3巻本で、そして翌年1817年に2巻本サウジー（Southey）版が出版される[43]（図8）。

---

43) *The History of the Renowned Prince Arthur, King of Great Britain: with His Life and Death, and All His Glorious Battles. Likewise, the Noble Acts and Heroic Deeds of His Valiant Knights of the Round Table*, London: Walker and Edwards, 1816. 以下、ウォーカー（Walker）版と省略。*La Mort D'Arthur, The Most Famous History of the Renowned Prince Arthur, and the Knights of the Round Table*, ed. Joseph Haslewood, 3 vols., London: R. Wilks, 1816. 以下、ウィルクス（Wilks）版と省略。*The BYRTH, LYF, AND ACTES of KYNG ARTHUR*, ed. William Upcott, with an Introduction and Notes by Robert Southey, 2 vols., London: Longman, 1817. 以下、サウジー（Southey）版と省略。

図8　左から1816年Walker版、Wilks版・1817年Southey版

　ロングマンの帳簿に最初に記録されたのは1815年の
ゴールドスミド版（になるはずのテクスト）であったの
だから、ウォーカー版は先行企画よりも早く出版された
ことになる。そもそも200年近い出版史上の空白があっ
たにもかかわらず、なぜ3種類のテクストが立て続けに
刊行されることになったのだろうか。

　1816年のテクストは、両版とも小型のポケットサイ
ズで外見上は酷似している。まずは後発となったウィル
クス版に付された「読者案内」に注目しよう。編集者ジ
ョゼフ・ヘイズルウッドは想定する読者と出版目的を
明確に述べている。すなわち、こだわりの強い愛書家
（curious bibliomaniac）にはロングマンから刊行される

サウジー版が、そして「現代の活字テクストで満足できる一般読者には本書」がお薦めであり、「われらの言語で書かれた最高峰に座する古への騎士道物語を一般に広めるべく、本書の出版は計画された」という。マロリーのアーサー王物語はいまや「最高峰の騎士道物語」との高い評価である。さらに興味深いのはこの後に続く文言である。

> ここでわれわれは喜んでペンを置くつもりであったが、ライバル版が 2 巻本で出現したため、読者にはもうしばらくご辛抱いただきたい。この文明が進んだ時代において公正なる商いを実直に営む者の努力に横やりを入れるようなことはしないというのが、この国で出版に携わる者に期待される務めであろう。(Wilks, 1: iii.)

「しかしながら」、とヘイズルウッドは言葉を続ける。「印刷もかなり進んだ段階で、すでに時遅し、心の狭い人々が徒党を組み、別の版を印刷・販売することを知ったのである。何故このような攻撃を仕掛けられたのかは、今後明かされるだろう」と述べ、さらに「ごく普通の者が唱える主の祈りとパタ・ノスター［主の祈り］通りで用いられる主の祈りは同じ意味ではないことを知り、青ざめるしかない。パタ・ノスター通りでは、いかなる利益の介入をも許さないのだ」と憤懣を綴る。ここで檜玉に挙がっているのがウォーカー版である。「パタ・ノスター通り」(Paternoster Row) とは、印刷出版業者が多く店を構えたロンドンのセント・ポール寺院に隣接する

地域である。ウォーカー版の題扉に名を連ねている出版者は17社にも及ぶが、10社がパタ・ノスター通りとその近隣に店を構えていた。ロングマンをはじめ、ウィタカー（Whittaker）やリヴィングトン（Rivington）、ラキントン（Lackington）などいずれも18世紀から続く老舗および19世紀の錚々たる出版業者である。この顔ぶれに色を作し、ヘイズルウッドはそれまで密かに行っていたテクストへの介入の事実を暴露する。すなわち、「いかがわしい箇所や公序良俗に反するような一節」は、ライバル版に温存されているがウィルクス版では「若者や女性、またきわめて道徳心の強い読者の目にもかなうように」削除した、と自らの編集方針を高らかに吹聴するのである。このような編集者による密やかなテクストの改変は公権力による検閲とは異なり、家庭で声に出してはばかられるような語や表現を削除改変することで、bowdlerizationと呼ばれる。この点は後述するが、1816年時点で「読者のため」を謳うテクストの「正常化」がみられたことになる。それはとりもなおさず、読者層の拡大をも意味する。読書に慣れていない新しい読者にはより安全なテクストを提供すべきという、読者の階層化に立脚した微妙な編集方針が19世紀以降幅を利かすようになる。ヘイズルウッドは性的な描写の削除のみならず、「イエス」の名前を「天国」に置き換えたり、削除するなど、宗教上の理由による改変も行っている。ただし、パリンズが指摘するように、完璧に修正されている

図9　Wilks 版（上）と Stansby 版（下）と表題ページ

わけではない[44]。興味深いのは改変をライバル版への優
位性として主張している点である。しかもヘイズルウッ
ドは言葉をつなぎ、ウィルクス版の利点は「原本への忠
実さ」にあると力説する。すなわち、キャクストン版の
前文と序文の完全復刻、スタンズビー版の序文とアーサ
ーと円卓の騎士たちの木版画の復元（図9）、さらに3巻

---

[44] Marylyn J. Parins, "Two Early 'Expurgations' of the *Morte Darthur*," *Arthuriana* 7.3 (1997): 63-77(64-65). ウィルクス版における冒瀆的理由での語彙の修正は完璧ではないものの、筆者の校合結果によれば、第3巻だけでも 80 カ所以上の変更が散見された。改変テクストとしての評価については、拙稿参照。Yuri Fuwa, "The Editor at Work: Joseph Haslewood's Edition of Malory (1816)," *Mythes, Symboles et Images* I, ed. Chiwaki Shinoda, Nagoya: Librairie Rakuro, 2011, pp. 59-68.

図10　Walker版の題扉

本という体裁にいたるまで原本に忠実と主張。さらに加
えて、巻頭の挿絵の出来はライバル版が勝ることを認め
つつも、「わが版は3巻本なので2枚も挿絵が多い」、ゆ
えにウィルクス版は優れていると主張。質より量で攻め
る大真面目なヘイズルウッドには苦笑を禁じ得ない（図
10、11）。

　ウォーカー版に出し抜かれたと悲憤慷慨するウィルク
ス版の編集者ヘイズルウッドだが、彼の言い分が正しい
とすると、ウォーカー版の出版社であるロングマンはヘ
イズルウッドの出版計画を察知して印刷に着手し、先行
するウィルクスの印刷を追い越して刊行したことになる。
実際にそのようなことは可能なのだろうか。この疑問を
解くため、次に、書物の印刷にかかわるテクニカルな議
論となるが、実験書誌学とでも呼ぶべき手法で印刷の過
程を検証したい。

高さ
約15cm

図11　Wilks版の題扉

2. 書誌学的見地から1816年版を解体する

1）判型とは（Format）[45]

　2つのテクストの印刷競争の要因を考察する前に、19
世紀初期の印刷工程と判型について確認しておきたい。
まず印刷前に準備するのは組版（forme）である。底本
とする写本や書物を頁ごとに割り付け（casting off）をし

45）判型の図版や組版に要する時間、印刷時間などの詳細は以下を参
照。Phillip Gaskell, *A New Introduction to Bibliography*, 1972, New Castle,
Delaware: Oak Knoll Press, 2007, pp. 49-56, pp. 79-87, pp. 196-200. 以下、
Gaskell と省略。

て活字を拾い、組版を作る。次に印刷機に組版をセット
して印刷に移る。19世紀初頭の手引き印刷機では両面
印刷はできなかったので、まず紙面の片側を湿らせてか
ら印刷し、インクを落ち着かせ用紙を適度に乾燥させた
のち、裏面の印刷に移り、同様に乾燥させ、印刷用紙の
縮みを伸ばして、製本作業に至る。両面の印刷が完了し
た印刷全紙（sheet）を折りたたみ、丁（quire）を作り[46]、
丁と丁を糸で綴じ、まとめて1冊が完成する。

　判型（format）とは、印刷全紙が何回折りたたまれて
1丁を構成しているかを示す書物の基本単位で、書物の
構造を解き明かす有用な手がかりとなる[47]。たとえば、
1623年に出版されたシェイクスピア全集はフォリオ判、
すなわち2折本である。2折本とは、印刷全紙を1回折
ると2葉（leaves）で両面4ページ分の丁ができる判型の
本のことである。1603年の初版『ハムレット』は4折本
だが、4折本の場合は印刷全紙をさらにもう一度折り、4
葉8ページで1丁を構成することになる。ただし、たと
えば2折本の全紙を複数組み合わせて糸綴じをして1丁
とする書物もあるので、実際には判型を決定するために
は、丁を構成する紙葉枚数を校合し、書物に残る物理
的な証拠を種々拾い集めて総合的に判断することになる。
ちなみにシェイクスピアの2折本は1丁6葉が標準なので、
「6葉仕立ての2折本」（folio in sixes）と呼ばれる[48]。

　それでは、なぜ印刷競争を語る際に、判型を知る必要
があるのか。それは判型が判明すれば、印刷全紙の片面

に印刷されるページ数を知ることができ、書物の丁の構成を解明する突破口となるからである。書物1巻の丁数を総ページ数から割り出すことができれば、印刷工程の手順をかなり綿密に追うことができる。印刷時間を計算し印刷時期を推定するうえで重要な情報を与えてくれるのが、テクストの判型なのである。

2）これまでの両版の判型説

　ウィルクス版とウォーカー版の判型についてはマロリーの編集者の間でも意見が分かれている。

　1858年に3巻本のマロリーを編集出版したトマス・ライト（Thomas Wright）は、「2巻本と3巻本の2つのテクストは同じ大きさで判型は24折本」と主張している[49]。また1868年のグローブ版編集者サー・エドワード・ストレイチー（Edward Strachey, 1812-1901）も、「1816年の24折本」と呼び、トマス・ライト説を踏襲

46）丁をgatheringと呼ぶ場合もあるが、本書ではquireと呼ぶこととする。
47）Formatは以下のように定義されている。"the structure of a volume in terms of the number of times the original printed SHEET has been folded to form its constituent leaves" in J. Carter and N. Barker, *ABC for Book Collectors,* 8th ed., New Castle, DE: Oak Knoll, 2004, p.107. 以下、Carterと省略。山田昭廣『本とシェイクスピア時代』東京大学出版会、1979年。以下、山田と省略。第2章参照。
48）山田、114-115頁。
49）Thomas Malory, *La Mort d'Arthure. The History of King Arthur and of the Knights of the Round Table. Compiled by Sir Thomas Malory, Knt. Edited from the Text of the Edition of 1634, With Introduction and Notes by Thomas Wright*, London: John Russell Smith, 1858; 5th ed., London: Gibbings, 1897, vol. 1, p. xii. 以下、Malory/Wrightと省略。

している[50]。これに対して、ヘイズルウッドの友人であり、古書収集の著者ディブディンは「このロマンスは最近2度挿絵付き12折本で復刻された」と記している[51]。現代においては「1816年版は12折本」説が優勢なようで、大英図書館の書誌情報にも両版は12折本との記載がある[52]。1816年版は外見が酷似した作りであるため、同じ判型とみなされる場合が多い。それではさっそく検分を始めたい。

3) 判型を特定する――ウィルクス版

　テクストの伝達は印刷工程によっても左右されることを初期刊行本についてロナルド・B・マッケローは明らかにしたが、フィリップ・ギャスケル（Philip Gaskell）は近代の書物生産工程を手引き印刷機から機械印刷にいたるまで詳らかにした。ギャスケルの『新書誌学入門』（1972）は書誌学の古典である。本書に基づいて、ウィルクス版とウォーカー版の印刷競争の謎を追いたい。ウィルクス版については、ヴィクトリア&アルバート博物館ナショナル・アート・ライブラリーに残る校正本およびスコットランド国立図書館所蔵の紙装本を校合した[53]。ギャスケルの判型例を参照に折丁を作成・確認したところ、ウィルクス版は12折本で、中でも「裁断なしの12折本」（12mo without cutting）というタイプである可能性が高い[54]。この判型は18世紀後半から印刷のマニュアル本に登場し、19世紀によく使用さ

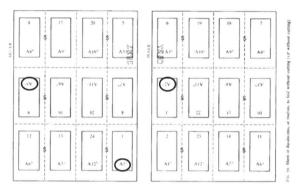

図12　判型図70（Wilks 版）

れた。判型図70はその組版形式である（図12）。この
判型は印刷全紙を3等分に折り、さらに2度たたみ、中
央を綴じれば容易に両面24ページ分の1丁（quire）が
作れる手軽な組版形式であることがわかる。ウィルクス
版がこの判型と考えられる根拠は、用紙に残る水平なチ

50）Sir Edward Strachey ed. and intro., The Globe edition, *Le Morte d'Arthur*,
1868; London: Macmillan, 1899, p. xxxii. 以下、Malory/Strachey と省略。
51）T. F. Dibdin, *The Library Companion; or, the Young Man's Guide, and the
Old Man's Comfort, in the Choice of a Library*, 2nd ed., London: Printed for
Harding, Triphook, and Lepard, 1825, p. 6. 以下、Library Companion と省
略。
52）David Matthews, *The Making of Middle English, 1765-1910*,
Minneapolis: University of Minnesota Press, 1999, p. 92. *A Companion to
Arthurian Literature*, ed. Helen Fulton, Chichester, U.K.: Wiley-Blackwell,
2009, p. 355.
53）スコットランド国立図書館、蔵書番号 Hall.149.K、ヴィクトリア・
アンド・アルバート博物館ナショナル・アート・ライブラリー Foster
Collection,12mo 5763. [旧番号：F9.0.25 - 27]
54）Gaskell, p. 196 および[p. 197], Fig. 70. ギャスケルの書誌情報は注45)
参照。

ェイン・ライン、折丁記号（signature）の配置、1丁に
印刷されたページ番号の組み合わせと綴じ糸の位置が一
致したこと、および紙の端の形状の特徴がほぼ一致した
ことによる。チェイン・ラインとは、手漉きの紙に使用
するすき簀の編糸が残る鎖状の線のことで組版の方向を
判断する基準となる。折丁記号とは、ページ下の余白に
振られた記号で、製本の目安に用いられる。ウィルクス
版の場合、折丁記号はBから始まり、B2、B5と振られ、
以下すべての折丁にほぼ規則的に3か所に振られている。
その位置は、「裁断なしの12折本」の場合、ギャスケル
の判型図70に従うと3段組みで、印刷表の右下角A1a
がウィルクス版最初の折丁記号Bで、B2は裏の中段左
端A2a、そしてB5は表の中段左端A5aにそれぞれ対応
する。つまり、ウィルクス版に振られた3つの折丁記号
のうち、B はシートの最初のページを示し、B2と B5
は活字が天地逆となる位置に相当するため、植字上の目
安にもなり、かつまたシートを折たたむ目印とも符合す
る。

4）判型を特定する――ウォーカー版

　ウォーカー版の判型解明に有力な証拠は、レディン
グ大学所蔵のロングマン出版社文書に存在した（図13）。
前述したロングマンの帳簿2番目の 1816年2月の記載
項目である。次のような見出しが記録されている[55]。

　　"King Arthur 2 vos 24° Walker 5000"

図13　ロングマンの帳簿1816年2月22日

　24°とは、24折本、すなわち「アーサー王2巻本24
折本ウォーカー5,000部印刷」という記録である。ウォ
ーカーと記されているのは、サウジー版の企画が先行し
ていたので混乱を避けるための記載であろう。さらに、
この帳簿には判型特定のヒントが含まれていた。印刷業
者ダヴ（Dove）への支払いに「42ハーフ・シート印刷、
一枚につき8ポンド15シリング、ダヴへ367ポンド10
シング支払」[56]と記載されており、ハーフ・シートで

---

55) 筆者はロングマン出版社文書の原簿を調査したが、マイクロフィ
ルムでも参照可能である。Impression Book No. 5, f248v. マイクロ
フィルム資料は以下の通り。Archives of the House of Longman, 1794-
1914 [microform], Cambridge, England, Teaneck, N.J: Chadwyck-Healey;
Somerset House, 1978, H8: f248v. 以下、LONGMAN Microfilm と省略。
56) 原文は以下の通り。Print 42 half sheets 8:15:0 each Dove 367:10.

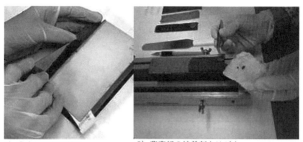

1）背表紙を取り外す　　　　2）背表紙の接着剤をはがす

3）丁を確認

4）丁を切り離す　　　　5）丁を判型の頁組み合わせと照合

図14　Walker版判型検分

42丁印刷したことがわかる[57]。さらにこの記述を裏付けるべく、古書市場のセットくずれのウォーカー版を校合検分し、ギャスケルによる24折本判型図63の折丁と

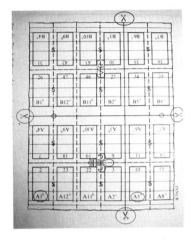

×は裁断位置

図15　判型図63（Walker版）

照合した（図14）。ウォーカー版は折丁記号がウィルクス版と異なり2か所のみで、丁ごとにA、A2、B、B2と振られている。1丁12葉24ページのうち、1葉表（recto）にあたるp.1にA、5葉表p.9に折丁記号　A2が印刷されている。判型図63の場合（図15）、まず印刷全紙の長辺をヨコ半分に裁断、ハーフ・シートとする。次にハーフ・シート片面12ページの1丁を作るために、さらに折丁記号A2が振られた5葉表の右に鋏を入れ裁断をし、8ページと4ページに分ける。8ページを2回折りたたみ両面16ページ、その上に、1回折りたたんだ4ページ両面8ページ分を重ね、中央を糸で綴じれば両面24ペ

---

57) Impression Book No. 5, f248v. LONGMAN Microfilm H8: f248v. ハーフ・シートについては以下参照。Gaskell, p. 83; Carter, pp. 118-119.

ージの1丁の完成となる。もう一方のハーフ・シートも同様に折丁記号BとB2の位置で裁断し8ページと4ページをそれぞれ折り重ね合わせ、両面24ページの丁が2つ完成となる。

ギャスケルによる24折本の判型図63と対照の結果、隣接するページ番号の組み合わせと綴じ糸の位置、および袋綴じとなる天の位置が一致した。帳簿の記載通り、24折本と考えて間違いないだろう[58]。

5) 判型の違いによる植字時間

12折本のウィルクス版と24折本のウォーカー版は、その判型の違いによって印刷完了までの速度に差異が生じるのか。まず、確定した判型をもとに、両版の丁数を計算し、1丁あたり植字にかかる時間を算出したい。

ウィルクス版は、第1巻は題扉と読者案内を除くと、序文から目次までが24ページで、本文は折丁記号Cが振られた25ページから326ページまで通しページ番号が振られている。第2巻は381ページ、第3巻は377ページまでの本文に加え、巻末に出版案内が掲載され384ページまで通し番号が振られている。つまり第3巻は広告までを一体化して印刷したようだ。合計ページ数は1,091ページである。厳密にいえば、編者ヘイズルウッドがスタンビー版の欠落を発見し補完した4ページ分と急遽挿入された「怒りの」読者案内6ページ分（読書案内は活字のフォントが異なるが）を含めると、総ページ

数は 1,101 ページとなる。ウィルクス版は 12 折本なの
で、1 丁は 24 ページで総ページ数を除すれば 46 丁に納
まる計算である。実際、スコットランド国立図書館の紙
装本を調査したところ、予想通り 46 丁と目視確認する
ことができた（図 16）。各巻構成は第 1 巻が 14 丁、第 2
巻と第 3 巻はともに 16 丁である。対するウォーカー版
の総ページ数は第 1 巻が 500 ページ、第 2 巻は 504 ペー
ジで合計 1,004 ページなので、ウィルクス版より 87 ペー
ジ、ヘイズルウッドの追加部分を換算すれば 97 ペー
ジも少ない。丁数は 2 巻とも 21 丁でロングマンの帳簿
記録が裏付けている通り、全部で 42 丁である。

　ギャスケルによると、平均的な植字工は 1 時間あた
り 1,000 半角（en）の植字が可能である。ウィルクス
版の場合 1 ページ 40 行、1 行あたりほぼ 50 半角スペー
ス[59]、1 ページあたり約 2,000 半角なので、およそ 2
時間で 1 ページ分の植字ができる。一方、ウォーカー
版の場合はどうか。ウィルクス版と同じ第 1 巻の 2 ペー
ジを比較すると 1 行多く、半角数も 30 ほど多く、ウォ

---

58) 1816 年版の判型の「謎」解きをするために、書誌学情報の提供およ
び判型に関する原稿を批評いただいた池田早苗氏、解体実験にあたり的
確な書誌学の助言をくださった安形麻理氏に謝意を表したい。実験は安
形、池田両氏と共に 3 名で 2015 年 4 月 29 日に実施した。実験にあたって
は愛書家髙宮利行先生のススメもあったことを申し添えておく。実験の
詳細な報告は以下の拙稿参照。「Does Format Matter?──トマス・マロ
リー『アーサー王の死』1816 年版 Walker edition の判型を解読する」『慶
應義塾大学日吉紀要英語英米文学』No. 68（2016 年 10 月）, 1-24.
59) 第 1 巻、2 ページ目の集計によるとウィルクス版は 40 行、平均 1 行
49.94 半角なので 1 ページの活字数は 1,997 半角、ウォーカー版は 1 ページ
41 行、半角数は 2,024 だった。

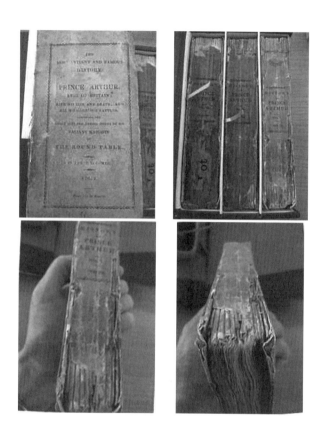

図16　ウィルクス版原装本

ーカー版は活字の配列密度が高いことがわかる。便宜上
両版とも1ページ2,000半角、2時間を植字の速度とし
て概算する。まず1丁を準備するためには、12折本の
ウィルクス版の場合、片面12ページ分の植字をするた
めには、24時間要する。仮に植字工が2人として、当

時の 1 日の労働時間12時間を想定すれば、片面12ペー
ジの組版を 1 日で仕上げることになる[60]。となれば、両
面24ページ分の 1 丁の組版には 2 日間、46丁には組版
作業のみで92日間を要する計算である。ウォーカー版
の場合は42丁だが、24折本のハーフ・シートであるた
め片面24ページ、42両面では48ページ分の植字が必要
となる。ウィルクスと同じ条件で換算すると、両面48
ページ 2 丁分の組版には96時間、4 日間を要する。1 つ
の組版で 2 丁できあがるので、全丁 42丁には21回組版
を作ることになる。組版ごとに 4 日間かかるので、全丁
の組版は84日間で終了する。この時点でウィルクス版
と同じ労働条件であっても、丁数の少ないウォーカー版
は 8 日間の短縮が可能であり、植字工の人数が多ければ
さらに加速させることができる点に留意しておきたい。

3. 印刷業者——ダヴとウィルクス

　遅ればせながら両テクストの印刷出版業者を確認
しよう。ウォーカー版は題扉に J. Walker と Walker &
Edwards 両方の表記で印刷されている。 J. Walker のフ
ルネームはジョン・ウォーカーで、パタ・ノスター通

---

60) 19世紀の就労時間は1833年に14歳以下の児童には 8 時間労働、18歳
以下を12時間に制限する法が制定されたが、実態はこの時間を超える長
時間労働が許容される状況であった。計算を簡易化するために 1 日12時
間労働として計算をする。ギャスケルも 1 日12時間を前提としている。
Gaskell, p. 55.

り44番地に店を構えていた。Walker & Edwardsの屋号
で出版した期間は1815年から1817年のみである。印
刷を実際に担当したのは、ジョン・ファウラー・ダブ
（John Fowler Dove, 1787-1866）で、クラーケンウェル
のセント・ジョンズ・スクウェア22番地に居を構えて
いる[61]。ダブはウォーカー古典叢書の印刷を手掛け、の
ちには自らの名を冠したDove's English Classicsの印刷
出版を始める。ウォーカー版と同様の装丁でポケット版
叢書である。1826年には叢書シリーズは80作を数えて
おり、ダブは印刷者のみならず、経営者としても手腕を
発揮している。クラーケンウェルの印刷工房の規模はか
なり大きかったようで、同年1826年クラーケンウェル
の印刷工房から130ポンドもの活字の窃盗事件が起こる。
以前ダブの下で働いていた者が共謀した犯行だったが、
その者の妻が貧困で食べる物にも事欠いていたことを知
り、ダブは直接出向き金銭援助を行ったという。魅力的
な人柄だったようで、ヴィクトリア女王との逸話も残さ
れている。ダブは叢書の成功で財産を築いた後は引退す
るが、晩年、樫の木の植樹祭でダブの人柄に魅了された
ヴィクトリア女王から連絡先を尋ねられたという[62]。
　一方、ウィルクス版の印刷業者のフルネームはロバ
ート・ウィルクス（Robert Wilks, c1770-1843）であ
る[63]。1800-30年にチャンセリー・レイン89番地で印刷
業を営んだ記録があり、この住所はウィルクス版の印刷
地と一致する。ウィルクスの年季公証文によると[64]（図

図17　ロバート・ウィルクスの年季公証文

17)、1785年にジョン・オルモン（John Almon, 1737-
1805）に徒弟奉公に入る[65]。オルモンはロンドン出版界
で活躍した人物である。フランス革命の余波で急速に保
守化しつつあった英国政府は「毀損罪」を濫用、時の首
相ウィリアム・ピット（William Pitt the Younger, 1759-

61）Philip A. H. Brown, *London Publishers and Printers c. 1800-1870,*
London: British Library, 1982, p. 58, p. 211. 以下、Brown と省略。
British Book Trade Index は以下、BBTI と省略。〈http://bbti.bodleian.
ox.ac.uk/details/?traderid=20693〉［2022年9月27日閲覧］。
62）https://ashrarebooks.com/2017/09/14/doves-english-classics/［2022
年12月8日閲覧］
63）Brown, p. 225. BBTI の Wilks の記録は以下の通り。89, Chancery
La (1802-30); 76, Fleet St (1825-7); 5, Bartlett's Bldg. (1833-9); 〈http://bbti.
bodleian.ox.ac.uk/details/?traderid=76048〉［2022年9月27日閲覧］.
64）London Metropolitan Archive, Reference Number: COL/CHD/
FR/02/1236-1243.
65）詳細は拙論参照。「『アーサー王の死』（1816年）の印刷者 Robert
Wilks——未刊行資料から伝記的再構築の試み（その1）」、『慶應義塾大
学日吉紀要英語英米文学』、74号（2021年）、1-42頁。（その2）は同誌77
号（2023年）、95-141頁。

1806）への名誉毀損でオルモンは1786年に訴えられ、1788年には国外追放、92年に帰国すると投獄されてしまう。結局、印刷業は廃業に追い込まれる。ウィルクスはこのような時代のあおりをまともに受け、通常7年の徒弟期間に15年を要し、1800年にようやく親方として登録される。共同経営者となったリチャード・テイラーは、現代でも屈指の出版社 Francis & Taylor の創設者となる人物である[66]。テイラー家はノリッジのユニテリアンの有力な一族で、「どこの者ともわからない」[67] ウィルクスがパートナーになれたのは、印刷者として幸運なスタートを切ったと言える。印刷業を開業するためにはまず設備投資に高額の資本が必要で、かつまた潤沢な運転資金を蓄えていなければならない。書籍は印刷に必要な経費——植字工や印刷工への人件費や高額の印刷用紙代等々——と、実際に書籍販売から得られる収入には時差が生じるため、経営が傾く危険と背中合わせだった。負債を負って監獄送りになる印刷業者もあとを絶たなかったのである。テイラー家の後ろ盾があれば、本来、ウィルクスは万全の経営態勢のはずだった。しかしながら、ウィルクスはテイラーとは1805年に喧嘩別れ、1819年に破産、フリート監獄に収監された記録も残っている[68]。共同経営者だったリチャード・テイラーの1803年頃の目撃証言によると、ウィルクスは見習い工との暴力沙汰も少なくなく、植字工を確保するのが難しかったという[69]。その間に印刷されたのが、ヘイズルウッドの編集による

図18 ウィルクス破産競売目録

『アーサー王の死』である。

　1819年の破産時の競売目録が現存している [70]（図18）。目録によるとヘブライ語やギリシア語も含め、1万4,000ポンドものの大量の活字を揃えており、印刷工

66) 正確には、リチャードの父ジョンが当初パートナーだった。W. H. Brock, and A. J. Meadows, *The Lamp of Learning: Taylor & Francis and the Development of Science Publishing*, London and Philadelphia: Taylor & Francis, c1984, p. 20. 以下、Lamp of Learning と省略。
67) Lamp of Learning, p. 20. Richard Wilks と記載されているのは Robert の誤り。
68) ウィルクスの伝記的詳細は注65) の論考を参照。
69) Lamp of Learning, p.21, p.23.
70) 競売カタログのタイトルには以下のように記されている。"MR. ROBERT WILKS, A BANKRUPT; 𝔚𝔥𝔦𝔠𝔥 𝔴𝔦𝔩𝔩 𝔟𝔢 𝔰𝔬𝔩𝔡 𝔟𝔶 𝔄𝔲𝔠𝔱𝔦𝔬𝔫, … By Mr. SAUNDERS, ON THE PREMISES, No. 89, CHANCERY LANE, *On Thursday, April 29*, 1819, *at Eleven o'Clock*," St Bride Library 所蔵 Box 312, Taylor papers 33800. 競売カタログの所在は Wendy Hawke, Senior Archivist (Access and Enquiries), Guildhall Library, St Bride Library での調査には James Mosley氏と St Bride Library の Nigel Roche氏にご協力いただいた。

房は3階建てである。3階の「組版室」には活字ケース
が13台、植字台が2台設置され、その他にインク桶や水
桶があり、2階には組版を保存する箱ゲラが複数台ある他、
組版を固定する際に使用する様々なサイズのチェース
（chase）が記録されている。1階にはストーブが合計3台
と紙を乾燥させるための干し竿、印刷されたシートをペ
ージ順にまとめる丁合作業台が可動式固定式あわせて4
台もある。また印刷済みの丁を製本する際に紙の縮みを
伸ばすために加圧する鉄のハンドル付き締め機（Book
Press）が置かれている[71]。この記録から、3階と2階で
組版作り、1階で印刷、乾燥、製本といった一連の印刷
作業工程が浮かび上がってくる[72]。ウィルクス版印刷の
所要時間を推定するためには印刷部数が必要だが、ウォ
ーカー版のような帳簿の存在は不明である。そこで競売
目録の「干し竿」に注目し、判型から推定できる印刷全
紙のサイズ、そして印刷部数について推理を続けよう。

4. 印刷原紙と印刷部数

1）印刷原紙のサイズと印刷部数——ウィルクス版

　競売目録にウィルクス版の印刷部数を探る手掛かりが
残されていた。印刷したばかりの紙を乾燥させる干し竿
である。目録に残された竿の長さは880フィート、およ
そ268メートル。ウィルクス版が使用した印刷全紙のサ
イズが判れば、竿の全長をその用紙サイズで割算するこ

とで、竿に干せる枚数が算出できる。現存するウィルクス版は上下を切り詰められた再装丁本が多いが、幸いスコットランド国立図書館が出版当時の装丁を残す紙装本のウィルクス版を所蔵している。原装本で印刷原紙のサイズに近い。第1巻の折丁Dと折丁Eの採寸結果をもとに印刷原紙を同定すれば、印刷部数が推定できる。

　ウィルクス版はギャスケルの判型図70（図12）の12折本であるので、印刷全紙の長辺はD1 + D2 + D3、もしくはD6 + D5 + D4の高さの合計で、用紙の短辺D1 + D12 + D7 + D6、あるいはD3 + D10 + D9 + D4の幅の合計となる。折丁Eもそれぞれ同様の組み合わせで採寸した結果、平均値421mm × 293mmで、この平面が植字可能面となる[73]。19世紀の印刷用紙でもっともこの寸法に近い用紙はフールスキャップ（Foolscap）の432mm × 343mmである。ウィルクスの競売目録にはフールスキャップ紙仕様の組版固定器具チェースがあ

───────

71）Auction catalogue, pp. 3-5. 締め機（Book Press）については印刷博物館の学芸員中西保仁氏にご教示いただいた。

72）James Mosley氏にロバート・ウィルクスが所蔵した活字の売り立て目録を確認していただいたところ、活字の量から植字工は2、3人ではないかとのご意見であった。印刷機は競売前に抵当に取られたのか、競売目録に記載がない。印刷博物館学芸員中西保仁氏および池田早苗氏によると、印刷機は重量があるため1階に設置されるという。筆者が発掘した裁判記録によると、ウィルクスの工房には住居と倉庫が隣接しており、倉庫を印刷作業の一部に使用した可能性もある。

73）折丁（quire）DとEの採寸結果：折丁D　高さ D1+D2+D3=422mm、D4+D5+D6=425mm、幅 D1+D12+D7+D6=293mm、D3+D10+D9+D4=292mm、折丁E　高さ E1+E2+E3=422mm、E4+E5+E6=415mm、幅 E1+E12+E7+E6=294 mm、E3+E10+E9+E4=294 mm。採寸をしてくださったスコットランド国立図書館 Special Collections Assistant の Sarah Moxey に謝意を表したい。

るので、印刷にフールスキャップ紙を使用したことは
ほぼ間違いないだろう。刷り上がった印刷紙の短辺幅
343mmで竿に干す場合、竿の長さは約268メートルあ
るので、781枚を竿にかけることができる。この計算か
ら推論すれば、印刷部数は750部の可能性がある。スコ
ットが計画した復刻版の部数も500から750部と1807
年に見積もっていた。また当時の印刷部数と価格の相場
を参考にするならば、たとえば、ジェーン・オースティ
ン（Jane Austen）の『マンスフィールド・パーク』
（*Mansfield Park*, 初版1814年）の1816年の再版は、ウ
ィルクス版と同じく3巻本で値段は18シリング、750
部印刷されている[74]。ただし、18シリングはウィルク
ス版の12シリングより高めの設定である。安価な書籍
は部数が多めに印刷される傾向がある。競売目録に記載
されていない「干し竿」が存在した可能性もゼロとはい
えないので、ウィルクス版の印刷部数が1,000部であっ
てもおかしくはない。このことから、ウィルクス版の
印刷部数は750〜1,000部と推察できる。以下便宜上、
ウィルクスは1,000部として、両版の印刷工程を再現し、
印刷所要時間を算出してみよう。

2）印刷作業工程の再現と印刷所要時間の算出[75]

　ギャスケルが算出した植字、印刷、乾燥の平均時間を
参考に、1週間単位の作業工程を再構成する。植字速度
は両版の1ページの活字数から1ページ2時間、印刷は

1時間250刷という作業速度を適用し、植字工2名、1日12時間、週6日労働という同じ条件で作業を行ったと仮定する。まず、ウィルクス版の場合、12折本なので片面12ページの組版を1日で済ませ、2日目に引き続き裏面の植字を行う。その傍ら、出来上がった組版の印刷に入る。250刷が1時間仕事なので、1,000部を印刷するのに4時間ほどかかるが[76]、2日目の午前で表の印刷はほぼ終了できる。次に裏面の印刷に入る前に、乾燥時間を考慮する必要がある。ギャスケルによると印刷から2、3日で紙が収縮を始め、両面の印字箇所にずれが生じる危険が高くなるという[77]。インクが落ち着き、紙が適度に乾燥する時間を正確に算出するのはなかなか困難である。季節、天候、作業環境、活字の詰まり具合などの諸条件によって変化するからだ。ヘイズルウッドの読者案内の日付は1816年5月14日なので、ウィルクス

---

74) St Clair, p. 579.
75) 両版の印刷工程比較表を参照。
76) ギャスケルは、3,000刷が可能と目算しているが、ジェイムズ・モズリー氏によれば、印刷機の不具合や人的なアクシデントが発生しうるので、1日2,500刷でさえ架空の数値であるという。"to some extent a fiction, since all manner of things would prevent regular working for many hours without interruption"（2015年11月12日私信）。ウィルクス版の出版部数が1,000部とすれば、1丁の両面分は2,000刷で、余裕をみても1日あれば十分だろう。また以下の論考参照。*The Oxford Companion to the Book*, ed. Michael F. Suarez, S. J. and H. R. Woudhuysen, 2 vols., Oxford and New York: Oxford UP, 2010, p. 95. 以下、Oxford Companion と省略。Richard D. Altick, *The English Common Reader*, 1957, 2nd ed., Columbus: Ohio UP, 1998, p. 262. Gaskell, p. 129. また緊急時の印刷速度は19世紀初頭でも印刷工を交代させれば時速400-450枚も達成できたといわれている。Gaskell, pp. 139-140.
77) Gaskell, p. 132.

版の印刷時期は前年から始まり、秋から冬に印刷が進行した可能性が高く、気温が上がらない冬季は夏季に比べ乾燥に時間を要した可能性もある。便宜上2日とし、製本直前までの印刷工程を単純化して考えるなら、表の組版と印刷と用紙の乾燥、裏の組版と印刷、用紙の乾燥と圧搾加工で、1丁を完成させるために要する時間は6日間となる。ウィルクス版は全部で46丁あるので、実働276日間、一大印刷事業である。1丁につき1週間6日態勢で、46週の作業時間を要したと推定できる。

　対して、ウォーカー版はどうか。24折版ハーフ・シートなので1回の組版で片面24ページ2丁の印刷ができる。ウィルクス版と同条件で2人の植字工が1ページあたり2時間の速度で植字を進めたとすると、組版ページ数が倍あるので一つの組版を完成させるためにはウィ

表1　1816年Wilks版とWalker版の印刷工程表

Wilks	午前	午後	Walker	午前	午後
1日目	表面　植字	表面　植字	1日目	表面　植字	表面　植字
2日目	1000部印刷 裏面　植字	表　用紙乾燥 裏面　植字	2日目	表面　植字	表面　植字
3日目	表　用紙乾燥	表　用紙乾燥	3日目	1000部印刷 表　用紙乾燥 裏面　植字	1000部印刷 表　用紙乾燥 裏面　植字
4日目	表　用紙乾燥	表　用紙乾燥 裏面　印刷	4日目	同上	同上
5日目	裏面　印刷 裏　用紙乾燥	裏　用紙乾燥	5日目	1000部印刷 表　用紙乾燥	裏面　印刷 表　用紙乾燥
6日目	裏　用紙乾燥		6日目	裏面　印刷 裏　用紙乾燥	裏面　印刷 裏　用紙乾燥
Wilks	1組版1丁 6日間	46丁276日間 46週間	7日目	裏面　印刷 裏　用紙乾燥	裏面　印刷 裏　用紙乾燥
Walker	1組版2丁 10日間	42丁210日間 35週間	8日目	同上	裏　用紙乾燥
			9日目	裏　用紙乾燥	裏　用紙乾燥
			10日目	裏　用紙乾燥	裏　用紙乾燥

ルクス版の倍の48時間が必要である。ウォーカー版の印刷工程を再構成してみると、植字を2日間で終え、3日目の午前に印刷に入る。ウォーカー版はロングマンの帳簿に記録されているように印刷部数は5,000部なので、午前と午後にそれぞれ1,000刷と仮定し5日目の午前まで表面の印刷を行う。3日目からは複数の作業が同時並行で進むことになる。表の印刷を終えた用紙はすぐに乾燥に回され、傍ら、植字工は裏面用の植字を始め、4日目に組版を終える。5日目の午後には、ウィルクス版と同じく2日間の乾燥期間を想定するなら、裏面の印刷に移ることができる。しかしながら、裏面印刷に移るタイミングを見計らうのが難しい。ウィルクス版よりウォーカー版は活字配列数が30半角ほど多く1ページあたりのインク密度が高いため、乾燥しにくい。また、5,000枚の印刷用紙を乾燥させる作業現場はかなり印刷用紙が接近しあった状況が予想されるので、乾燥時間をウィルクス版より多く見積もる必要があるかもしれない。裏面の印刷に入るまでに3日間を確保し、かつまた両面の印刷が終了して乾燥させ製本作業に移るまでにさらに3日間ほど見込んでおく。1組版2丁分を仕上げるためには合計10日間の印刷工程となる。とすれば、あくまでも概算ではあるが、全42丁には210日間、1週6日間労働で換算すれば35週で印刷完了となる。以上から、ウォーカー版は24折本のハーフ・シートという判型の差異によって、また丁数の少なさによって、ウィルクス版と

同条件の印刷速度を適用しても、66日、11週も早く印刷を終えることができたのである。

3）印刷開始時期

　以上の日数計算から、1816年の両テクストの印刷開始時期を推定してみよう。ヘイズルウッドがライバル版出現に怒り心頭で書き綴った「読者案内」によると、「すでに印刷がかなり進んだ段階」だったと述べている。ウォーカー版がロングマンの帳簿に記録されたのは1816年2月22日なので、この日付以前に印刷が完了、出版者への頒布が始まったと考えてよいだろう。一方、ヘイズルウッドの序文は1816年5月14日と記されているので、ライバル版の存在を知ったのは遅くとも2月22日以降、5月14日以前となる。前述したようにウィルクス版の印刷完了に必要な時間は46週の仕事である。1816年5月14日から遡って2月22日までの12週間を差し引くと34週経過しており、仮にウォーカー版の存在を帳簿に記載されたこの日にヘイズルウッドが知ったとしても、すでに全印刷工程のほぼ4分の3が終了していたことになる。「すでに印刷がかなり進んだ段階で」と嘆いたのも十分うなずける時期といえる。さらに上記の印刷所要時間の概算に基づいて2つの版の印刷開始時期を計算すると、1816年2月22日から、さらに34週を遡ってみると、前年1815年6月27日あたりにウィルクスは印刷を開始した可能性がある。

それではウォーカー版の場合はどうか。ロングマンの帳簿記入日1816年2月22日から推定印刷所要日数の210日遡ろう。日曜日を除いて35週間前は1815年6月22日、ウィルクス版とほぼ同時期に印刷を開始したことになる。もちろん帳簿記入が印刷終了日と同日とは限らず、日数計算は植字工の人数、印刷態勢、印刷用紙の乾燥具合などの条件によって異なるので印刷開始時期は前後する。ウォーカー版を手がけた印刷業ダブは『アーサー王の死』の印刷以前からウォーカー古典叢書の5,000部を受注印刷していることから、ロバート・ウィルクスのように争いが絶えず人手の確保に困難をきたした工房とは異なり、印刷所としての態勢が整っていた可能性が高い。植字工を倍の4人想定することもウォーカーの工房であれば難しくなかろう。印刷条件が同じと仮定しても11週も早く印刷を完了できた。植字工や印刷工の人数を倍増すれば、ウィルクスの印刷周期と同じ6日で2丁を印刷でき、23週で終了したことになる。ウィルクス版の企画の後を追うように出版に着手しても、追い越すことは十分可能であったといえる。ウィルクス版が開始した1815年6月といえば、ワーテルローの戦いで英仏が雌雄を決した時である。いまからおよそ200年前、ウェリントンがナポレオンを破った英国にとって画期的な時期に、サー・トマス・マロリーの『アーサー王の死』は印刷が始まりアーサー王復活への道筋が整ったのである。

5. 1816年版の編集者

　1816年に『アーサー王の死』の復刻を目指した編集者とはどのような人物だったのだろうか。19世紀初の復刻版となるはずであったウィルクス版の編集者はジョゼフ・ヘイズルウッドで、抜け駆けに成功したウォーカー版の編者はアレグザンダー・チャーマーズである。

1）アレグザンダー・チャーマーズ[78]
　アレグザンダー・チャーマーズ（Alexander Chalmers, 1754-1834）はスコットランドのアバディーンの名門一家に生まれ、祖父は神学教授、父ジェイムズは「アバディーン新聞」（*Aberdeen Journal*）の創業者として名をあげ、1730年代から18世紀末までアバディーンの印刷物の4割を手がけた北スコットランド最大の印刷出版一族である。1764年に父親が死去すると、家業は兄ジェイムズが継ぎ、末子であったアレグザンダーは西インド諸島で医師を志し上京するが、一転心変わり、ロンドンで文芸の世界に身を投じる。「生涯に、チャーマーズほどロンドンの書籍商のために多くの作品を編集した者はいなかった」と『ジェントルマンズ・マガジン』が評しているように[79]、少なくとも263巻の書籍を編集して世に送り出した。ロンドンの書籍業者に依頼された45巻におよぶ『英国随筆家集』（*British Essayists*, 1803年）は作品選択の鑑識眼と序文の質が高く評価されており、近代

の英語定期刊行物に関する本格的論考の先駆けといわれている。また『サミュエル・ジョンソン作品集』（12巻、1806年）では、ジョンソンによる加筆修正を正確に跡付け、ジョンソン文学の正典化に寄与した[80]。またチャーマーズは「全集」概念を生んだ草創期の人物と言われている[81]。1834年の死去に際しては『ジェントルマンズ・マガジン』から「英国が生んだもっとも卓越した伝記作者のひとり」との哀悼の辞を送られた[82]。

2）ジョゼフ・ヘイズルウッド

ジョゼフ・ヘイズルウッド（Joseph Haslewood, 1769-1833）は、若い時から古い英文学に関心をもち、叔父の事務所で事務弁護士を務める傍ら書籍蒐集を始める。愛書家倶楽部ロクスバラ・クラブには創設メンバーとして加わり、故事研究者や愛書家と親交が深かった。クラブには書物へ情熱を傾けた面々が居並ぶ。スペンサー伯

78）アレグザンダー・チャーマーズは実際にはウォーカー版の編集にはかかわっておらず、序文のみ担当した。チャーマーズについては以下の文献による。
Iain Beavan, "Chalmers family (per. 1736-1876)," *Oxford Dictionary of National Biography*. 以下、ODNB と省略、〈http://www.oxforddnb.com/view/article/64303, accessed 27 September, 2016〉
Bonnie Ferrero, "Chalmers, Alexander (1759-1834)," ODNB, 〈http://www.oxforddnb.com/view/article/5026, accessed 27 September, 2016〉.
79）"No man ever edited so many works for the Booksellers of London," *Gentleman's Magazine* 157 (1835), 208.
80）B. Ferrero, "Alexander Chalmers and the canon of Samuel Johnson," *British Journal for Eighteenth-Century Studies* 22 (1999): 173-86.
81）この点については原田範行氏にご教示いただいた。謝意を表したい。
82）*Gentleman's Magazine* 157 (1835): 207.

の蔵書目録を刊行し愛書家倶楽部ロクスバラ・クラブの中核メンバーであったT. F. ディブディンのほか、蔵書家リチャード・ヒーバーやジョン・デント（John Dent, 1761-1826）のほか、フィリップ・ブリス（Philip Bliss, 1787-1857）やサー・サミュエル・エジャトン・ブリジェス（Sir Samuel Egerton Brydges, 1762-1837）がいた。特に後者2人とヘイズルウッドのつながりは強く、ブリジェスは *Censura Literaria*（1807-9）と *The British Bibliographer*（1810-14）の出版に際して、「最大の功労者」としてヘイズルウッドへ謝辞を送っている。初期刊本（インキュナビュラ）の収集家としても知られ、*The Mirror of Magistrates*（1815）は当時入手可能な版を校合しテクストの異同を発見し、注と序文をまとめており先駆的校訂者として評価されている。この作品を文学史上認知させた功績も大きい[83]。

3）マロリーのテクスト編集者としての評価

　チャーマーズは、『ジェントルマンズ・マガジン』から「テクスト校訂の正確さ」という編集者の技量を称賛されている。しかしウォーカー版については、底本スタンズビー版に欠落があることをヘイズルウッドが指摘するまで気づかなかった。また、『ジェントルマンズ・マガジン』が評価した「調査の深さ」についても、残念ながら『アーサー王の死』の序文にはチャーマーズの力量が発揮されていない。マロリーのテクスト出版史に関する調査と知識は不十分で、ド・ウォード 1529 年版

もコープランド1557年版も序文から欠落している。また
たマロリーを評して、典拠から物語を「抽出し織り込
んだ」と表現しているが、これはウィリアム・オール
ディス（William Oldys, 1696-1761）の借用である。ま
たマロリーの語りの妙味は「崇高なまでの素朴さ」（a
simplicity bordering upon the sublime）と締めくくるが、
こちらは『マーミオン』に付したスコットによる注の写
しである。要するに、序文はわずか4ページ足らずであ
りながら、先人の意見のつぎはぎにすぎない。

　ヘイズルウッドはどうか。テクストの正確さという点
では、「1816年版のいずれのテクストもブラックレター
体の読み間違いが散見される」と後のマロリーのテクス
ト編集者が指摘するように、評価は芳しくはない。しか
しながら、スタンズビー版が不完全なテクストであるこ
とを初めて指摘したのは、ヘイズルウッドである。丹念
な校訂作業なしには不可能な発見である。実際、ヘイズ
ルウッドが補完した箇所にはブラックレターの読み間違
いほぼゼロと言ってよい[84]。つまり、「読み間違い」を

---

83) *The First Part of the Mirror for Magistrates by John Higgins & Thomas
Blenerhasset / Edited from Original Texts in the Huntington Library*, ed. Lily
B. Campbell, Cambridge: Cambridge UP, 1946, Introduction, pp. 12-13. ス
コットもヘイズルウッドを評価していたようで、ロクスバラ・クラブか
ら出版した書籍を受け取り喜ぶ様子が記されている。Scott Letters, vol.
10, p. 285.
84) ヘイズルウッドの編集者としての功罪については拙稿参照。Yuri
Fuwa, "Title matters: From Caxton to Joseph Haslewood; colophons,
titles, and editions of Malory's *Morte Darthur*," *POETICA: An Interna-
tional Journal of Linguistic-Literary Studies*, 97&98 (2023): 111-140.

したのは印刷現場で活字を拾った植字工の誤りである可能性が高い。ヘイズルウッドの初期刊行本の編者としての力量はもっと評価されるべきだろう。序文は1816年5月に擱筆(かくひつ)するが、同年1月のド・ウォード版の競売や2月に出版されたジョン・フライの書誌内のド・ウォード版にも言及しており、最新の書誌情報を敏感に取り入れていることがわかる。マロリーのテクストに関する当時得られた、最新にして最も詳細な書誌情報といえるだろう。このように2人の編集者による序論の優劣の判定は、ヘイズルウッドに軍配が上がるが、書物の販売競争では彼の思い入れを裏切る結果となった。

4）1816年版の出版競争の顚末

　1816年両版の出版競争の顚末について2人の証言が存在する。1人はヘイズルウッドの友人ディブディンの記録である。ディナーのテーブルを挟んだ相手がマロリーの編集者とは互いに知らぬまま、ポケット判『アーサー王』についての激論が始まった。ついに「ヘイズルウッド氏が正体を明かし、まったく自分の版は売れないと告白、するとチャーマーズ氏はほとんど在庫がない状態だ」と告げたという[85]。もう1人の証言はフィリップ・ブリスである。オックスフォード大学のレジストラーとしての職の傍ら、故事研究家・書籍蒐書家としても知られるブリスは、同様に残念な顚末を語っている。ライバル版の出現によってウィルクス版は「すっかり紙の無

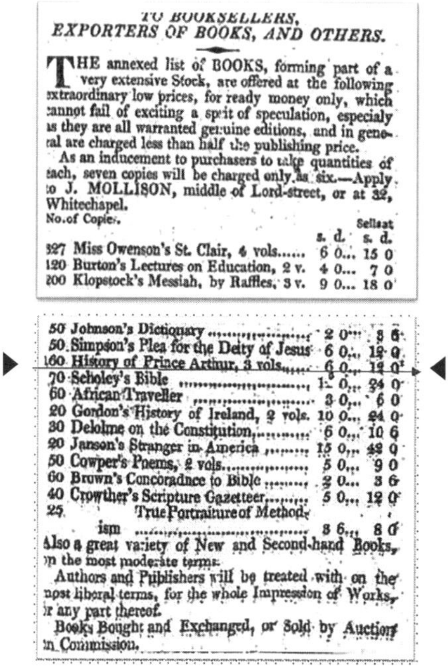

図19　ウィルクス版「半額セール」の広告（1818年）

駄」となってしまったと書き添えている。ヘイズルウッ
ドが比較広告で熱弁をふるったにもかかわらず、売り
上げを高める効果はなく、ウィルクス版は発売当初は
まったく売れなかったようだ。1818年4月 *The Liverpool
Mercury* に書籍販売業者向けの宣伝が出される。謳い文
句は「廉価セール」と「まとめ買いでさらにお値引き」

85）T. F. Dibdin, *Reminiscences of a Literary Life*, 2 vols., London: J. Major, 1836, vol. 2, p. 748.

で、注目すべきは他の書籍は販売数が2桁であるのに比して、ウィルクス版の『アーサー王の死』は160セット。在庫残部の多さを反映しているようだ（図19）。これでは印刷者ウィルクスにとっても経費の回収はままならず、アーサー王の出版が破産の遠因のひとつとなったのかもしれない。

6. なぜウィルクス版は敗北したのか

1) 割り付けと価格

　明暗が分かれたウィルクス版不振の理由はいくつか考えられる。ウィルクス版の値段は 12シリングでウォーカー版より3シリング高かった。この価格差がウィルクス版の割高感を生み、販売の足かせとなったことは容易に予想できる。高値の理由は皮肉にも、ウィルクス版が底本のスタンズビー版を忠実に復刻した所以ともいえる。ヘイズルウッドはスタンズビー版の3部構成を尊重して3巻本に仕立て、各巻に題扉と口絵を配し、キャクストンの序文をすべて掲載した。さらにスタンズビー版の円卓の騎士たちの木版画はそっくり復刻され、3つ折りにたたまれており、広げると原版さながらの仕上がりで、なかなか手が込んでいる。これらはウィルクス版の利点だが、製作費が高くつくことにもなる。さらに価格を押し上げた最大の原因は、ウォーカー版に比べてウィルクス版のページ数が 同じスタンズビー版を底本と

しながら 100ページ近くも多かった点である。19世紀の出版費用において印刷代と用紙代は占める比重が大きい。ロングマンの通常例を参考にすると、総費用の5分の1から3分の1を占めるのが印刷代で、紙代が4分の1、場合によっては2分の1を占めたという[86]。ウォーカー版の場合、帳簿に残る出版総費用は864ポンド11シリング8ペンスだが、印刷代と用紙代でほぼ80%を占める[87]。ウィルクス版の帳簿は不明だが、ウォーカー版の印刷経費を参考にすれば100ページ増加分の用紙と印刷費が負担増となったことは想像に難くない。割り付けの拙いウィルクス版はページに無駄な空白が多く、活字のレイアウトも均一ではない。印刷用紙の枚数が増加するだけではなく、一貫しないレイアウトは視覚的に魅力的とはいえない。底本の割り付けの目測の巧拙がページ数の増減に影響し、費用の増大と本体価格の上昇、さらに印刷所要時間の長期化によって19世紀初の『アーサー王の死』の座を失い、ひいては販売部数にも負の影響を及ぼしたのである。まさに、たかが割り付け、されど割り付けなり。

---

86) James Raven, *The Business of Books Booksellers and the English Book Trade 1450-1850,* New Haven and London: Yale UP, 2007, p. 308. 以下、Ravenと略す。

87) ウォーカー版の印刷代金 367 ポンド10シリング（約42.4%）の次に突出して高額な出費品目が印刷用紙で325ポンド10シリング（約37.6%）である。印刷代がロングマンの平均をかなり上回っている点は注目すべきである。ヘイズルウッドのポケット版出版の話を聞きつけ、急遽印刷を決定したのであれば、通常価格に上乗せした印刷料金を支払った可能性も読み取ることができるかもしれない。

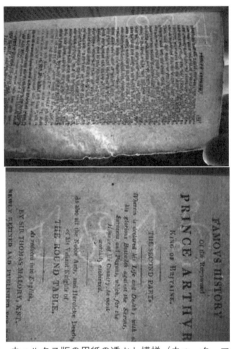

図20　ウィルクス版の用紙の透かし模様（ウォーターマーク）
　　　1）年号（1814）が見える（上）
　　　2）第2巻表紙に残る年号（1815）一部欠け（下）

2）印刷の仕上がり──印刷用紙の差異

　ウィルクス版とウォーカー版が印行された1816年という時代は印刷業界の技術変革が本格化する直前で、新旧の技法が混在する時代といえるだろう。印刷用紙は機械漉きが増加し始めるが、手漉き用紙の生産を超えるのは、1820年代に入ってからである[88]。ウィルクス版の用紙にはページに平行に走るチェイン・ラインが目視で

きる箇所が存在することに加え、年号とアルファベット
の一部らしき透かし模様（ウォーターマーク）が複数個
所に確認できる（図20）。ウィルクス版にチェイン・ラ
インが存在することから、手漉きの簀の目入り紙（laid
paper）を使用したことがわかる[89]。

　ウォーカー版の場合は、筆者が確認した限り、チェ
イン・ラインも透かし模様も存在しない[90]。チェイン・
ラインがない網目状の紙は網目漉き紙（wove paper）
と呼ばれ、1757年頃ジェイムズ・ワットマン（James
Whatman）によって考案・改良された紙で、滑らかな
紙質で知られている[91]。網目漉き紙は1790年頃から
徐々に簀の目入り紙（laid paper）に取って代わり、19
世紀初頭には印刷用紙の主流となる。ウォーカー版はこ
の用紙を使用している可能性が高い。また、ロングマン
の帳簿記録には、加熱圧搾処理（hot-press）代も計上し
てあり、上質の仕上がりが望める用紙だったことがわか
る。

　ただし、ウィルクスの工房にも加熱圧搾処理（ホットプレス）を施した

88）Gaskell, pp. 214-215.
89）透かし模様には1814と1815の数字がはっきりと確認できることか
ら、ウィルクス版の印刷開始は1814年以降といえるだろう。ただし、
1806年に出版された書物に1807年と記された印刷用紙が使用された例
も記録されており、透かし模様の年代の判断には注意が必要である。
Oxford Companion, vol. 2, p. 1271.
90）確認をしたウォーカー版は以下の通り。筆者蔵、髙宮利行氏蔵、
British Library, 1164.a.34; Oxford Bodleian Library, 8° D 400/401 BS;
Cambridge University Library, 8700.e.167-168; Keio University, B@933@
M13@14-1/14-2.
91）*Oxford Companion*, vol. 2, p. 84.

例はある。*The Gallery of Nature and Art*の広告文によれば、
「紙装丁デマイ判7ポンド4シリング、加熱圧搾処理を
施したロイヤル判は12ポンド」と記されており、エッ
チング画を多用した高価本には上質の用紙を使用してい
た。この広告はマロリーのテクストの3巻の巻末に附録
印刷されており、アーサー王のテクストとほぼ同時期に
工房で印刷されていたと考えられる。マロリーの3巻本
テクストは紙装丁であり、印刷用紙に上質仕様がされて
いなかったのは、ウィルクスもヘイズルウッドも「普及
版」を意図していたことの表れであろう。一方、ウォー
カー版は同じ普及版であっても、上質紙を使用する余力
があったことが仕上がりの差を生んだといえそうだ。

3）印刷の仕上がり──スタナップ印刷機[92]

　ウィルクス版とウォーカー版を比較してはっきり異な
るのは、印刷の仕上がりの差異である。ウィルクス版は
活字にインクの濃淡がありテクスト全体に斑が目立つの
に対し、ウォーカー版の印刷はインクが均一で仕上がり
はきわめてよい。ウォーカー版の場合、欄外見出し、ペ
ージ番号の位置、本文テクストの天と地および左右の両
端がみごとに表裏一致している[93]。1816年頃は木製の
手引き印刷機から鉄製の印刷機に移行しつつある時期で
ある。ウィルクス版とウォーカー版はどちらも手の平に
収まる小型判で外見は類似しているものの、両者が使用
した印刷用紙や印刷機は異なる可能性が高いことがうか

がえるのである。伝統的な手引き木製印刷機と鉄製印刷機の相違について、ギャスケルは次のように端的に語っている。

　鉄製の印刷機の新規性は大型の組版をきわめて精巧に印刷をする能力を備えていたことである。植字可能な最大面積は通常の木製手引き印刷機であれば49×39cmだが、初期の（ロイヤル・サイズの）スタナップは58×45cmまで植字可能となった[94]。

　スタナップとは、第3代スタナップ伯爵チャールズ（Charles third Earl Stanhope, 1753-1816）が1803年頃発明をした印刷機で、初めて英国で開発実用化された鉄製印刷機である。全体が鉄製で複式構造のレバー操作によって刷りの瞬間に最大圧力がかかるように設計されていた。そのため、木製印刷機に比べて加圧のぶれが少なく安定した仕上がりとなり、活字の小さい印刷物に適していた。マロリーの『アーサー王の死』はテクストの文字数が多いので、1816年版のような小型ポケット判に

92）Stanhope 印刷機は日本国内にも4台現存し、国の重要文化財に指定され、「スタンホープ印刷機」として登録されている。ただし、印刷機発明者の伯爵名の英語の読みはスタナップであり、伯爵に言及するので混乱をさけるため、本稿では英語読みで統一した。印刷博物館とミズノプリンティング・ミュージアムで実物を見学できる。『近代印刷のあけぼの──スタンホープと産業革命』展図録、印刷博物館、2006年。
93）ウォーカー版はきわめて精度の高い印刷仕上がりであるとの評価を、印刷者の視点から指摘くださったミズノプリンティング・ミュージアムの水野雅生館長と印刷工場長に感謝したい。
94）Gaskell, p. 199.

第4章　『アーサー王の死』の出版競争第二幕　　85

図21　スタナップ印刷機とミズノプリンティング・ミュージアム
水野雅生館長

は細かい活字を密に組む必要がある。活字の多い組版ゆ
えに、鉄製のスタナップ印刷機であれば、より鮮明な印
刷の仕上がりが望めるのである（図21）。ギャスケルが
上述しているように、スタナップ印刷機は仕上がりの良
さのみならず、印刷可能な植字面積が広く、通常の手引
き印刷機より大判印刷用紙に対応できた。この場合のロ
イヤル・スタナップとは、ロイヤル・サイズの印刷全紙
に対応するスタナップ印刷機を意味する。手引き印刷機
の場合、植字面積が通常490mm×390mmであるのに
対して、ロイヤル・サイズのスタナップ印刷機の植字範
囲は580mm×450mmまで可能である。ウォーカー版
の24折本ハーフ・シートの判型から導き出せる植字面
積は550mm×412mmである[95]。この点を突き合せると、
ウォーカーの予想植字面積は手引き印刷機では収まらず、
1816年当時のロイヤル・サイズ対応のスタナップであ

ればその植字面にぴったりと対応するのである。

　ウィルクス版はどうか。スタナップ機にもフールス
キャップ型対応機種があり、セント・ブライド図書館
の資料によれば、その圧盤（プラタン）のサイズは
431.8mm × 342.9mmである[96]。スコットランド国立図
書館蔵のウィルクス版の採寸から割り出される植字可能
面は高さ421mm×幅 293mmである。この採寸結果に
よれば、高さに1センチしか余裕がなく、スタナップ印
刷機には少々窮屈、それに対して伝統的な手引き印刷機
であれば、高さ60mm以上の余裕があり十分収まるこ
とになる。この植字可能面積と印刷の仕上がりの不均一
さを考慮すると、印刷業者ウィルクスがロイヤル・スタ
ナップ機を使用しなかった可能性のほうが高いのではな
いか。とはいえ、ウィルクスが破綻した際の競売目録の
品目には残念ながら印刷機が含まれていないので、決定
的な物証がないのも事実である。仮にスタナップ機を使
用したとすれば、ウィルクス版の印刷仕上りの拙さの原
因は印刷機の違いに起因したのではなく、印刷機を動か

---

95) 紙装本の Walker 版第1巻の折丁記号 C と D の採寸結果にもとづ
き、ギャスケルの判型図63の表記に従うと以下の計算となる。
高さ　　A1+A4+B1+B4 =550mm ／ A8+A7+B8+B7=549mm、
幅　　　A1+A12+A11+A2+A5+A8=412mm／ B4+B9+B10+B3+B6+B7=
412mm
96) Horace Hart, *Charles Earl Stanhope and the Oxford University Press,
notes by James Mosley*, 1896; London: Printing Historical Society, 1966.「ス
タナップ印刷機の値段とサイズ」一覧のチラシが巻末に復刻されてい
る。以下、Hart/Mosley と省略。

す人に問題があったことになる。技術に長けた印刷工と大量印刷に熟練したウォーカー版を担当したJ. F. ダヴの印刷環境が最終的に競争の明暗を決したのかもしれない。

スタナップ印刷機の発明は1803年頃で[97]、1820年代半ば頃には木製手引き印刷機はほとんど姿を消したといわれる。その間スタナップ機の普及を示す逸話が残っている。1815年にナポレオン戦争が終結するや、フランスの印刷・出版業者A. F. ディド（Ambroise Firmin Didot, 1790-1876）はロンドンの印刷所を視察し、スタナップ印刷機が席捲しているありさまを目撃し驚愕したという[98]。多少の誇張はあるかもしれないが、ウォーカー古典叢書のように5,000部を印刷することを常とした印刷者ダヴであれば、スタナップ印刷機は救世主であっただろう。『アーサー王の死』のような長いテクストを叢書小型本シリーズに収めるためには細かい活字を密に植字せざるをえず、かつまた印刷の仕上がりを均一に上質に保つためにはスタナップ印刷機を選択するのはごく自然の成り行きであったと推察できそうだ。

叢書シリーズの印刷とスタナップ印刷機との相性はよかったようで、シャープ叢書の印刷を請け負った印刷業者C. ウィティンガム（Whittingham）の印刷所名はずばり、スタナップ・プレスである。ジョン・シャープのために出版した *The Poetical Works of Blair, Glynn* の1807年の題扉にはゴシック体でStanhope Pressと印刷されており、英国製の新技術、鉄製印刷機を率先して導入して

いることを標榜するかのごとき活字使いである。1807年はまだスタナップ印刷機は改良途中ではあったので、その時点で実際に印刷機を使用したか否かは定かではない。だが、出版・印刷所（Press）と印刷機（Press）のことばをかけ、スタナップの名前を冠した「スタナップ印刷」は、時代の先陣を切る印刷機によって古典を印刷するのだといった意気込みが題扉から発散している。

　1816年版の出版競争の過程を、書物の物質的な側面、すなわち用紙や印刷の精度、判型の相違に着目してあらためて検討してみると、19世紀初頭に大衆本の印刷が本格化する、その過渡期において、出版競争の勝敗を分けたさまざまな要因が透けてみえるのである。

97）現存するスタナップ印刷機にも Walker の銘が刻まれている。ロバート・ウォーカーは 1813 年頃には没したが未亡人 Sarah が事業を引き継ぎ、販売を続けた。
98）Thomas F. Bonnell, *The Most Disreputable Trade: Publishing the Classics of English Poetry 1765-1810*, Oxford and New York: Oxford UP, 2008, p.[309]. 以下、Bonnell と省略。

☰✎ Column　出版の自由とスタナップそして ウィルクス

　　　　　　　　スタナップ印刷機発明者チャール
ズ・スタナップは「発明家」であり、かつまた貴族でありながら
「市民スタナップ」という異名があるように、18世紀市民革命の
擁護者だった。のちの首相ウィリアム・ピットとはともに改革と
自由のために闘った盟友だったが1789年のフランス革命を機に
袂を分かつ。ピットは反政府の動きを封じ込むために言論の自由
を抑制し、逮捕令状なしの身柄の拘束を可能とした。ロバート・
ウィルクスの親方ジョン・オルモンもピットへの名誉毀損で訴え
られ印刷業廃業に追い込まれた1人だった。スタナップは貴族院
で孤高の戦いを続ける中、言論と出版の自由のために印刷技術の
刷新をすべく印刷機を発明するのである。1795年2月4日にロ
ンドン市民を前にしてスタナップは演説する、「比類なき発明で
ある印刷を活かすのは出版の自由のみ」と。スタナップという語
は近代印刷産業の象徴であった。ウィルクスは長男にロバート・
スタナップ（Robert Stanhope）と命名する。印刷業者ロバー
ト・ウィルクスとしてのプライドと願いをこめたのだろうか。ス
タナップとは印刷出版の自由と近代印刷技術への憧憬を喚起させ
られることばだったのである。

4）出版者の販売ネットワーク

　さらに、1816年の両版は販売網の差異も顕著である。ヘイズルウッドが「パタ・ノスター通りの独占業者たち」と呼んだウォーカー版の出版・販売業者は、ロングマンをはじめとするパタ・ノスター通りに店を構える面々で17社が名を連ねている。ロングマンの帳簿によれば、ウォーカー版の発行部数5,000部のうち、1,100部はロングマンが、550部がリチャードソン、450部をラッキングトンが引き受けている。「徒党を組んだ」とヘイズルウッドに非難された出版者たちだが、当時の浮沈が激しい出版業界において、いわゆるリスク分散・破産をしないための防衛策でもあった。自社の出版物を自社の出版物で宣伝するという方法もよく用いられた。たとえば、リヴィングトンは雑誌 *British Critic* で自社出版物の書評を掲載することは常であったという。18世紀の安価叢書の先駆けとして名高いジョン・ベル（John Bell, 1745-1831）は『モーニング・ポスト』（*Morning Post*）を自己宣伝の場として最大限活用し、広告と書評の掲載、自身への賛辞まで掲載し、徹底的に広報手段として用いている[99]。ロングマンやカデル（Cadell）も雑誌や新聞を大いに活用し、掲載圧力さえかけることもあったという[100]。一方、ウィルクス版の出版・配給者はシンプキン＆マーシャル（Simpkin & Marshall）で、書

---

[99]　Raven, p. 286.
[100]　Raven, p. 287.

籍印刷出版業組合団地3、4番地（Stationers Court）に1816年から37年まで居を構え、地方への書籍卸のロンドン代理店を務めた。1816年当時はベンジャミン・クロスビー（Benjamin Crosby）からビジネスを引き継いだばかりだったが、1820年代には書籍・印刷業者・配送網の再編の先頭に立つ指導的立場となる。19世紀中葉にはトマス・リース（Thomas Rees）が「その出版社経営の規模はヨーロッパ随一で、比肩できるのはニューヨークのハーパー一族（the Harpers）くらいだろう」と評するほどに成長した[101]。しかしながら、ヘイズルウッドの1816年版『アーサー王の死』の出版当時は、印刷業者ロバート・ウィルクスの仕事ぶりの負の影響もあってか、ロングマン率いるパタ・ノスター通りの出版業者の面々に到底太刀打ちできなかったのである。

7. なぜウォーカー版は勝利したのか

1）ポケット判叢書という装置——エルゼヴィルをまとったウォーカー古典叢書

　ウォーカー版の販売力の強みは、シリーズ物として出版されたため購読者を確保しやすかったことにも起因する。「ウォーカー英国古典叢書」（Walker's British Classics）は、1805年に20名の書籍販売業者が提携して始めた文学作品シリーズで、小ぶりのポケット判である[102]。英国（British）と称しながら、シェイクスピ

アやミルトンなどの他に『ドン・キホーテ』やギリシア・ローマの古典の翻訳が並ぶ。ウォーカー版『アーサー王の死』の初刷5,000部は叢書シリーズにほぼ共通の発行部数で、当時のベストセラー作家スコットの作品の初刷に相当するのだからかなり強気である[103]。ウォーカー版の謳い文句は、テクストの正確さと印刷の美しさ、作者紹介と作品評論付き、さらに当代有数の画家と彫版師による口絵や題扉の版画が揃っていることである[104]。さらに英語による権威ある文学全集であることを謳い、毎月の定期刊行といった宣伝文句によって、読者を囲い込もうとしたようだ。その一方で、セットでなくても1冊から購入可と添え書きされており、読者の購買心理と懐事情を見越した販売戦略がみえる。

　本シリーズの宣伝文でことさら強調されているのは、書籍のサイズである。ウォーカー版が目指す袖珍本ともいわれるポケット判のモデルは、「欧州大陸で長く愛でられたエルゼヴィル（Elzevir）」である。エルゼヴィルとは17世紀のオランダで出版された小型本で、19世紀の蒐書家にとって垂涎の書物だった。ウォーカー古典叢書は稀覯書蒐書家のための書物ではない安価版にもかか

101）Raven, p. 331.
102）St Clair, p. 113.
103）St Clair, p. 532, Appendix 6.
104）叢書案内文は大英図書館蔵 *The History of Tom Jones, A Foundling. by Henry Fielding* 第1巻末尾に掲載されている。大英図書館所蔵番号:12206 aa 9. また紙装本の裏表紙にはシリーズの既刊本一覧の作品名と価格が印刷されている。

わらず、あえてエルゼヴィルの名前を出すことによって名がまとう書物のイメージを拝借し、読者の虚栄心をくすぐる巧みな戦略である。さらに、ウォーカー古典叢書は「若者の好奇心を満たし、鑑賞眼を磨くのに適している」と宣う。このシリーズは教育的効用を唱えつつ、「プレゼントにぴったり」との言葉も忘れない。さらに、「批評の試練を潜り抜けた人気の高い選りすぐりの作品ばかり」とウォーカー古典叢書の質を保証しつつ、「優雅さ、正確さ、安さ（elegance, accuracy, and cheapness）」と3拍子揃える。優雅さと安さとは少々奇妙な取り合わせにみえるかもしれないが、このような廉価版古典叢書のポケット判こそ、一般読者の誕生と密にかかわっているといえる。

　ポケット判叢書シリーズの誕生はウォーカーが先駆けではない。英国近代出版の父とも称されるジェイコブ・トンスン（Jacob Tonson, 1655/6-1736）は1720年代には「ほぼすべての英文学を12折本に収めた」とまで評されており、D. F. マッケンジー（McKenzie）は「トンスンのような出版者は、小型判の導入が複数巻本のセット販売に好都合と考えたのだろう」と書物のサイズが書物形態や販売方法に関連することを指摘している[105]。また1765年から76年にはグラスゴー大学の印刷業者ファウルズ（Robert Foulis, 1707-1776, Andrew Foulis the elder, 1712–1775）兄弟が「エルゼヴィルを範とした安価な英語版」の英国詩選集をポケット判で刊

行し、以降の「何十万部というポケット判叢書の先鞭をつけた」といわれている[106]。さらにウィリアム・サン・クレー（William St Clair）によれば、1774年の永久著作権は違法という判断が下され、苛烈な出版競争の火ぶたが切られたという。すなわち、ジョン・ベルとサミュエル・ジョンソンは英国文学叢書の出版をめぐり競合したが、予想に反して初版は両版とも売り切れ完売となった。この大成功を皮切りに、他の出版社もその顰に倣い、続々と同様の企画を刊行した[107]。18世紀のポケット判叢書の刊行物には、ファウルズの『英詩人選集』（*English Poets*, 1765-76）に続き、エジンバラのキンケイド（Alexander Kincaid, 1710-1777）による『英国詩人集』（*British Poets*, 1773-76）、同じくエジンバラの『ベル版――チョーサーからチャーチルまで網羅した英国詩人全集』（*Bell's Edition: The Poets of Great Britain Complete from Chaucer to Churchill*）などがあり、19世紀初頭には『クックのポケット判英国詩人選集』（*Cooke's Pocket Edition of Select British Poets*, 1794-1805）、ジョン・シャープ（John Sharpe）による『英国詩人作品集――トマス・パーク校訂版』（*The Works of the British Poets, Collated with the Best Edition, By Thomas Park, F. S. A.* [Fellow of the Society of Antiquaries], 1805-08,

105）Bonnell, pp. 39-40.
106）Bonnell, p. 55.
107）St Clair, pp. 126-128.

1818)、そして『ダヴの英語古典叢書』(*Dove's English Classics*, 1825) などに引き継がれていく。最後に連なるダヴこそ、ウォーカー版の印刷者である。ジョン・シャープは、自らのシリーズについて1821年5月に次のように語っている。「100年前にエルゼヴィル版がラテン語で成し遂げたこと、その英語版がわが叢書だといまさら説明するまでもあるまい」[108]。つまり、小型古典叢書の名門エルゼヴィルに比肩しうる英国版のシリーズがシャープ叢書にあたるというわけで、19世紀初頭においてエルゼヴィルは小型叢書刊行物の目指すべき姿として引き合い出される定番であり、叢書出版の趣意にエルゼヴィルの名を掲げることは目新しくなかったのである。ウォーカー版は、18世紀以来のポケット判古典叢書の販売戦略に沿った書物の形態と販売広報を採用したといえる。

2) 書物の姿と記憶の再生産——身体的な読書へ

　ここで注目したいのが、ポケット判古典叢書の書物の物質的側面である。ポケット判古典叢書は読書のカタチを変えた。修道院の一室で羊皮紙に写字生が鵞ペンで文字を刻んだ写本は、その大きさ、貴重性において、容易に運び出して読むことは叶わない。それに比してポケット判は場所を選ばず、読書空間を解放した。書物は移動し、読者はプライベート空間で読書にふけることが可能となったのである。シャープ叢書の読者は語る。「吾らの時代の知識や高まりつつある書物愛は古典叢書の系譜を受け継いでいる

と読者は理解」しており、その系譜に「シャープ氏による加熱処理された網目漉き紙に広がる韻文や散文の作者たちが属しているのだ」[109]。この証言から伝わるのは、古典叢書が知識を広げ書物愛を醸成することに資していること、そして読者は書物の物質的側面によって叢書を認識していたことである。ページを開いて目にするのは活字が広がる滑らかな紙であり、ページを繰った手に残る触感と分かちがたく想起されるのがシャープ叢書であり、その滑らかなページは加熱処理（ホットプレス）が施された上質な網目漉き紙」（wove paper）であった。この印刷用紙こそウォーカー版が採用した紙である。ウォーカー版とウィルクス版を差別化した特徴はポケット判叢書から連想される紙質の違いにもあったといえるだろう。安価であっても上質な書物生産が可能な選択肢となったのである。

　リチャード・アルティック（Richard Altick）の言葉を借りるならば、「セット買い心理」（package psychology）とでも呼ぶ読書行為が、書物の連続購入による蒐集という商行為と一体化することにより、出版社は販売を拡大することができた[110]。加えて、商業的な意味だけでなく、ポケット判叢書は読書体験を変化させたともいえ

108）Bonnell, p. [309].
109）Bonnell, p. [309].
110）Richard D. Altick, "From Aldine to Everyman," *Studies in Bibliography*, 11 (1958): 3-24; (11-12). 雑誌を週刊や月刊で購入するようになった読者の購買心理を出版社側は利用し、叢書刊行に際しても定期刊行を喧伝したのではないかとアルティックは推測している。

る。リー・ハント（Leigh Hunt, 1784-1859）は「私は叢書の大きさをこよなく愛し、その活字を愛で、装飾を愛でた。詩人一覧が印刷されている表紙カバーを、そしてカークの版画を愛した。何度も何度も購入し、選集セットになるように買い求めた。だがバターを塗ったクランペットのようになくなってしまった。買っては手放し、また手元に置きたくなる誘惑に勝てなかったのだ」とクックのポケット叢書の書物の部位をひとつひとつ舐めるように愛し、次々に買い求めては、消費した情動を語っている[111]。またトマス・リース（Thomas Rees, 1777-1864）は「大いに娯楽と教訓を与えてくれただけでなく、何度も熟読吟味するうちに、文学と芸術への愛情が生まれ、昂じてかき消すことのできない情熱へと変わった」[112]と、クックのポケット判の読書体験が自らの心性の形成に深くかかわったことを記している。いずれの読者も同様の読書体験、すなわち安価ゆえに若者も入手でき、どこにでも持ち運びがしやすいため、リースのことばによれば、「何度も熟読吟味」（on repeated perusal and examination）、繰り返し読むことによって、心深くに刻まれたといえる。チャールズ・ナイト（Charles Knight, 1791-1873）はウォーカー古典叢書をいつも携帯し耽読したさまを吐露している。「昔の小説や詩を何度も何度も読んだ。このころ、韻文や散文はウォーカー古典叢書として出版されており、この魅力的な小さな書物を大抵いつでもポケットに忍ばせてい

た」[113]。ナイトは出版人として、ウォーカー古典叢書の後継ともいうべき廉価本の出版を手がけていく。クックのポケット判シリーズに夢中になったリー・ハントは、ウォーカー版の『アーサー王の死』も熟読しており、ハントの手沢本が現存している[114]。

3）読者界の拡大と「万人のマロリー」の誕生

燦然と輝くウォーカー古典叢書の陰に隠れた感のあるウィルクス版だが、まったく読者を得なかったわけではない。桂冠詩人となるアルフレッド・テニスンは「シャロットの女」（"The Lady of Shalott"）や『国王牧歌』（*Idylls of the King*）を発表し、19世紀のアーサー王伝説復興の牽引役となったが、最初にマロリーに接したのはウィルクス版である。19世紀中葉以降、マロリー学の基礎となるテクストを刊行する編集者たちもウィルクス版の読者である。1858年版の編者トマス・ライトはウィルクス版とスタンズビー版を底本にして、同じく3巻本で出版した。序文において1816年版のいずれのテク

111）St Clair, p. 528. *The Autobiography of Leigh Hunt; with Reminiscences of friends and contemporaries*, 3 vols., London: Smith, Elder and Co., 1850, vol.1, p. 133.
112）St Clair, p. 528.
113）St Clair, p.532. Charles Knight, *Passages of a Working Life with a Prelude of Early Reminiscences*, London: Bradbury & Evans, 1864, vol. 1, Prelude p. 2, p. 70.
114）リンコンのテニスン研究センターにウォーカー版の1巻のみが所蔵されている。この書についての研究は拙稿を参照。Yuri Fuwa, "Malory's *Morte Darthur* in Tennyson's Library," ed. Leslie Workman, *Medievalism in England, Studies in Medievalism* 4 (1992): 161-69.

ストも黒字体の読み間違いが多いとけなしつつも、ヘイ
ズルウッドには6回も言及していることから、スタンズ
ビー版の欠落を発見した編集者に一目おかざるをえなか
ったことがわかる[115]。1868年のグローブ版編者エドワ
ード・ストレイチーは、サウジー版の一部改変を発見し
た校訂者として評価される編集者だ。一方、ヴィクトリ
ア朝の道徳観に即するようにテクストの削除と書き換え
を施したグローブ版『アーサー王の死』は、長らく不動
の人気を集めた。そのストレイチーは「母親から贈られ
た」ウィルクス版を少年の頃に読み、「少年が初めて手
に取るマロリーの『アーサー王の死』は1816年版のテ
クストであった」と記しているように、ポケット版の影
響をみとめている[116]。グローブ版については後述する
が、そのようなテクストの編集者をアーサー王物語の世
界へ導いたのがウィルクス版のポケット判『アーサー王
の死』であったのだ。テクストの正確さという点では
おそらくもっとも原典から遠い1816年の版ではあるが、
ゲインズも語っているようにその重要さは決して侮るこ
とはできない[117]。ポケット判は廉価本ゆえに、広く深
く浸透し19世紀におけるアーサー王の復活を準備した
といえる。新たなアーサー王文学の世界が生まれ、学問
分野ではマロリーのテクスト校訂の必要性が認識され、
マロリー学への扉が開かれたのである。

　19世紀初頭は読書や書物収集にまつわる固有の表現
がオクスフォード英語辞典に登場する時期である。たと

えば、書物蒐集熱に冒された人を称してビブリオマニア
と呼ぶが、この言葉を認知させることに大いに貢献した
のがヘイズルウッドの友人ディブディンである。1809
年には『ビブリオマニア、あるいは書物狂、この破滅
をもたらす病の歴史と兆候と治療法』（*The Bibliomania:
or, Book-madness; containing some account of the history,
symptoms and cure of this fatal disease*）とする書籍を刊行
し、一方、一般読者のための読書指南書『蔵書の手引
き』（*Library Companion*, 1824）を刊行している。ディ
ブディンによれば、「大英帝国は経済、政治両面におい
て影響力を増しており、世界最強になりつつある中、大
学入学希望者が定員の2倍となり入学できない若者が
増えている」という。そこでしかるべき教養のための
書物指南を開陳する。識字率の高まりはもちろんのこ
と、読者層の拡大に伴い教育の門戸を広げるべく読書
案内が必要と考えたのである[118]。この読者への指南書
においても、ポケット判の効用を語り、19世紀に始ま
る顕著な知識量の増大と伝播の速さに取り残されないた

115）Malory/Wright, pp. xii-xiii.
116）Malory/Strachey, p. xxxii. Barry Gaines, *Sir Thomas Malory An Anecdotal Bibliography of Editions 1485-1985*, New York: AMS P, 1990, p. 23, p. 62. および Strachey の未刊回想録による。
117）前掲書 Gaines 1990, p. 14.
118）本書の中でディブディンが「イングランドの最大手2社」と名指しした教育関係出版社がロングマンとウィタカーである。両社はウォーカー版の出版販売者でもあるので、ヘイズルウッドが顔色を失ったのも納得がいく。

めに、男女問わずあらゆる年齢層の読者にお薦めしたい
のが、「ポケット判」文学叢書である。興味深いことに、
ディブディンが挙げる「袖珍本」の美点はウィルクス版
がおそらく目指していたはずの特徴とも共通する。すな
わち、かさばらない12折版の小型本であること、安価
であること、活字が美しいこと、題扉にりっぱな木版口
絵が付けられているなど書物の体裁の特長を列挙するの
みならず、女性読者が読んで困惑する作品ではない点を
も挙げる。ヘイズルウッドが『アーサー王の死』を出版
するにあたり、削除改変をすべき箇所があるとの所見を
与えたのはディブディンだったのかもしれない[119]。サ
ムエル・ジョンソンのことばを借りれば、「読む国民」
（Reading Nation）が台頭した時期は18世紀後半だが、
19世紀初頭はディブディンが指摘するように、読者界
の広がりが加速した時期といえる[120]。1634年のスタン
ズビー版以来、200年の空白を経て刊行された『アーサ
ー王の死』が、まずポケット判で登場したという背景に
は、実にこのような新しい読者――本を借りるだけでは
なく購入して読む読者、移動先でも本を読む読者、女性
の読者――の爆発的増加という事象によって説明できる
だろう。ウィリアム・キャクストンが1485年に上梓し
てからおよそ330年を経て、『アーサー王の死』は一般
読者（Reading Public）のもとに届けられ、1816年マロ
リーはついに真に「万人のマロリー」となったのである。
そして書物のカタチは読者の心性と読書形態を想起させ

結びつく。チェスタフィールド曰く：

> がっしりとしたフォリオは朝、わたしが話しかける仕事の相
> 手。
> 四折本はランチのあと、一緒にすわる、さまざまな仲間、
> 八折本や十二折本は夕べに、軽くてたわいもないおしゃべり
> をして過ごす相手。[121]

8. 出版競争の顛末——サウジー版（1817年）

1）ロングマンの帳簿の謎、解読

　3年にわたるロングマンの帳簿に記載された謎を整理
しておきたい。1815年4月当初はド・ウォード1498年
版を底本、ジョン・ルイ・ゴールドスミド編集の企画で
あった。だが、ロングマンはおそらくヘイズルウッドに
よるポケット判印刷を聞き及び、ウォーカー版出版を
急遽決定し印刷に着手、ウィルクス版に先んじて刊行
に至ったのが帳簿の2番目の項目記載の所以だろう。そ
の一方、サウジー版の企画は変更を迫られた。当初の
編集者ゴールドスミドが駆け落ち失踪、さらに1815年
11月には新たなキャクストン版が発見された。1816年

---

119) *Library Companion*, pp. xiv-xv. Malory/Wilks, 1: p. iv.
120) Reading Nation は1790年代に拡大した読者層を評したサミュエ
ル・ジョンソンの言として引用されるが、それ以前にも存在するとの主
張は以下を参照。Richard B. Sher, *The Enlightenment & the Book: Scottish
Authors & their Publishers in Eighteenth-Century Britain, Ireland, & America*,
Chicago: U of Chicago P, 2006, pp. 27-30.
121) R.シャルチエ、福井憲彦訳『読書の文化史——テクスト・書物・読
解』新曜社、1992年、41頁。一部文言・語順を変更した。

1月にスペンサー伯が入手したため、ロングマンは当初の予定を変更し、キャクストン版を底本に、新しい陣容を整えたのであろう。破格の謝金を提示されたサウジーが序文と注釈を担当し、編集を依頼されたのがウィリアム・アップコット（William Upcott, 1779-1845）である。アップコットは故事研究者で自筆原稿のコレクターとしても知られ、ロンドン・インスティテュートの副司書を務めていた。底本としたキャクストン版には11葉の欠落があったため、同じくスペンサー伯所蔵の1498年ド・ウォード版と校合補足したことは間違いない。残念なことにこの版も完本ではなかったため、アップコットが最終的にどのように補完したのか詳細は不明である[122]。そして 1817年7月、ロングマンの帳簿に最後の「アーサー王」が記載され、スコットとサウジーの『アーサーの死』出版をめぐる競り合いは10年を経て終結をみたのだった。

　「万人のマロリー」をめざしたウォーカー版とウィルクス版とは対照的に、限定版で出版されたのが通称サウジー版である。出版予告が1817年に入ると立て続けに各誌に掲載される。『ジェントルマンズ・マガジン』の1月号、そして2月10日には『月刊文学新聞』（*Monthly Literary Advertiser*）に予告記事が、5月にはロングマンが予約希望者を募っている[123]。

```
**********************
A REPRINT OF MORTE D' ARTHUR.
The Text of the Edition will be a faithful Tran-script
from the Caxton Edition, in the Possession of Earl
Spencer, with an Introduction and Notes, tending to
elucidate the History and Biography of the Work; as well
as the Fictions of the Round Table Chivalry in general.
By ROBERT SOUTHEY, Esq. Poet Laureate.
The impression will be strictly limited to 250 on Post
4to. And 50 large Paper.
Subscribers' Names are received by Messrs. Longman
and Co.[124]
**********************
```

　この案内文にはマロリーの名前が見当たらず、『アーサー王の死』の復刻という大文字見出しと桂冠詩人ロバート・サウジーの名前が大書されている。マロリーの作品は『アーサーの死』（Morte Arthur）というタイトルで 18 世紀中葉から故事研究者の間では復活しつつあり、購読者が作品名を認知できたことを示唆している。一

────────
122）巻末のコロフォンが1498年ド・ウォード版特有のテクストと一致することから、アップコットが欠落部をスペンサー伯所蔵のマロリーから補完しようとした苦労の痕跡をみることができる。欠落部はスタンズビー版から補足したという説もある。髙宮利行「『アーサー王の死』の出版と受容の歴史──キャクストン版（1485）からフィールド版（2013）へ」德永聡子編著『出版文化史の東西──原本を読む楽しみ』慶應義塾大学出版会、2015年、57頁。
123）*Gentleman's Magazine* の 1817年1月文芸情報欄（p. 61）に掲載された広告文はロングマン社が自社の刊行物に掲載した文章と同内容である。
124）本広告は大型紙装本の 1817 年版に付されていた出版広告である。本書は髙宮利行慶應義塾大学名誉教授所蔵。蔵書を参照させてくださった髙宮先生に謝意を表したい。

方、作者の名がないのは、トマス・マロリーの知名度は高くはなく宣伝の効果を望めないと判断されたのであろう。むしろ、「スペンサー伯所蔵のキャクストン版」であることを特記し、前年に刊行されたウォーカー版やウィルクス版というポケット判とは異なる読者層を視野に入れていることがわかる。ビブリオマニアとして勇名をはせ、当時の愛書家にとっては馴染み深いスペンサー伯の名前と、1813年に桂冠詩人となったロバート・サウジーによる序文と注釈を特筆することで、両者の威光を借りる意図がみえる。このような布陣に加え、1817年版は4折判と大判紙装高価版の2種類のテクストを準備していること、さらに「部数はそれぞれ250部・50部限定」（strictly limited）と明記、愛書家の収集癖をそそる宣伝文句が並ぶ。本版は、1485年にウィリアム・キャクストンが印刷して以来、数百年ぶりに『アーサー王の死』の初版キャクストン版を底本とし、かつまたサウジーによる詳細な論考を含めた記念すべきテクストとなったのである。

2）中世研究者サウジーの『アーサー王の死』
──典拠研究への道のり

　サウジーは『アーサー王の死』編集の意気込みを1807年3月にリチャード・ヒーバー宛てに語っている[125]。アーサー王を再版したいと考えた当初から、「円卓の全書誌」（the whole bibliology of the Round Table）と繰り

返し述べており、アーサー王騎士道物語の研究書誌の確立を目指していた。計画では、作品解説と注釈、文献書誌を 1 巻にまとめ[126)]、しかもその巻の 3 分の1は文献一覧に充てる予定だった。加えてサウジーの解説予定項目には、18世紀後半から19世紀にみられた騎士道ロマンスへの関心を反映するように、ウェールズにおけるアーサー伝承の歴史や、騎士道ロマンスの起源と騎士道の影響、鎧の歴史などが並んでいる。トマス・ウォートン（Thomas Warton, 1728-90）の『スペンサーの「妖精女王」に関する所見』（*Observations on the Faerie Queene of Spenser*, 1754, 1762改訂）で本格的に紹介されて以来、故事研究家の間で高まりつつあった『アーサー王の死』への文献的な関心が、サウジーの1817年版に結実したともいえるだろう[127)]。

　サウジー版は第1巻に32ページに及ぶ序論とほぼ同じ長さの注が続き、さらに第2巻では 37ページにわたって登場人物や固有名詞への解説が続く。サウジーが言及する中世研究文献は、19世紀初頭の故事研究者やロマン派詩人が活用した主要文献であり、中世復興の文献学的な実相を跡付けるためにも有意義である。サウジー

125）Southey Letters Online, 1287.
126）Southey Letters Online, 1392.
127）サウジー版の分析については、以下の論考が詳しい。Marylyn Jackson Parins, *A Survey of Malory Criticism and Related Arthurian Scholarship in the 19th century, a Dissertation Submitted in the University of Michigan,* (1982). 以下、Parins 1982 と省略。

はウェールズ語を学び、イングランドだけでなくウェールズ古文献におけるアーサー伝承を、シャロン・ターナー（Sharon Turner, 1768-1847）やウィリアム・オーウェン・ピュー（William Owen-Pughe, 1759-1835）の文献を通して紹介したこともサウジーの功績といえる。

　サウジーの関心のひとつは騎士道ロマンスの起源の探索である。序文冒頭で、英文学ではなぜ散文の騎士道物語が欠落しているのか、という問いから説き起こしている。この問いの答えは英国の歴史と関係があるという。サウジーによれば、韻文は口承伝統であるから聴衆を想定するのに対して、散文は読者を想定する。しかしながら中世英国の識字率は低く散文読者が限られていた。騎士道ロマンスが登場した時代にはフランス語が執筆言語であったために、ほとんど英語の散文ロマンスは存在しないのだという。バラ戦争が勃発し、火器の導入によって戦闘形式が変化、騎士道は衰退の途を辿り、それゆえ英語で騎士道ロマンスを執筆する動機もなくなったと推測する。サウジーがマロリーの作品が散文であることに着目して、英語の発達史と読者の誕生に絡めながら、英国の歴史と英語生成過程の脈絡において騎士道ロマンスの興亡を説くこの序文は、冒頭からなかなか野心的である。もちろん、わずか1ページ余りの記述であるため、サウジーの論運びの浅薄さを批判するむきもあるが、マロリーの散文体の意義を問うサウジーの接近法は、マロリー作品の独自性を正面から評価する道筋を拓いたといえ

る。ただし、マロリーの作品自体の分析はほとんどない。

　また『アーサー王の死』の本格的な典拠研究の端緒として重要である。サウジーが本格的な典拠研究の分野に立ち入る際に直面したであろう困難さは想像に難くない。その困難さをサウジーは以下のように吐露している。

　　アーサーの物語［の形成］を辿ることは極めて困難で多大な労力を要する仕事となるだろう。個人で成し遂げることはひょっとすると到底できないかもしれない。古文献の多くは一度も出版されたことがなく、場合によっては現代においてすでに紛失していることもある。印刷本の騎士道物語は稀覯書で、作品は長大なため相当の時間を投じなければとても読み切れない……。しかしながら、私はそのような文献を入手し、目を通し、その中には『アーサー王の死』が編纂される際に用いられた最も重要な文献も含まれていたのである[128]。

　サウジーはどのように典拠研究を進めることができたのか。まず、入手困難な稀覯書は、稀代の蔵書家リチャード・ヒーバーやスコットランドの故事研究者で書籍蒐集家デイヴィド・レイン（David Laing, 1793-1878）、ウォルター・スコットなどの好古家ネットワークを活用した。『アーサー王の死』の刊行を思い立った際、即座にヒーバー宛てにアーサー王関係の書物を依頼する書簡を送り、『メルラン』（*Merlin*）本はレインから貸与を

128）Malory/Southey, vol.1, p. ix, section VIII.

受けたとサウジーは認めている[129]。またサウジーはロングマンの中世騎士道ロマンスシリーズとして『アマディス・ド・ゴール』(*Amadis de Gaul*, 1803) や『イングランドのパルメリン』(*Palmerin of England*, 1807)、『シッド』(*The Chronicle of the Cid*, 1808) の翻訳翻案を出版している。これらの作品の原語からも明らかなように、サウジーはフランス語のみならずスペイン語やポルトガル語にも長けていた[130]。フランス流布本『メルラン』のほか、『散文ランスロ』『聖杯の探索』の系統を汲む15世紀の印刷本『ランスロ』や『散文トリスタン』などの作品を読破しサウジーが下す批評は、パリンズによれば、現代のアーサー王研究者による研究に匹敵する内容であることも多い[131]。ランスロットがブリテン起源の人物ではないことを直感的に見抜き、『メリアドゥス』(*Meliadus*) の単独作者説を、『散文ランスロ』と『散文トリスタン』は複数作者説を唱えたのは、その論拠は薄弱ではあるが、文学の読み手サウジーの慧眼といえる。サウジーが「『アーサー王の死』が編纂される際に用いた最も重要な文献も含まれていた」(p. ix) と断言できたのは、サウジーが数ある騎士道ロマンス作品からマロリーが利用した文献を特定し、かつ最も重要な騎士道ロマンスという価値判断を下す学識をサウジーが備えていたことを裏付けている。それははからずも、マロリー自身が最高の騎士道ロマンスを選択し抽出し『アーサー王の死』をまとめたことにもなり、サウジーがマロ

リーに送った賛辞ともいえる。「マロリーは単なる翻訳者」という説からの脱却である。ただし、典拠作品から抽出し混ぜ合わせるという表現は、18世紀の故事研究者であり書誌学者のウィリアム・オールディスの記述を下敷きにしている可能性がある。『ブリタニア人物伝』（*Biographia Britannica*, 1747）のキャクストンの項目で、マロリーは典拠から「抽出し縒り合せた」（extracted and wove together）という表現をすでに用いている。このオールディスの記述は19世紀のマロリー像に影響を与え[132]、1816年ウォーカー版の序でチャーマーズが無断で借用した表現でもある。サウジーの執筆当時はマロリーへの評価が定まっておらず、作者として認知され正当な評価を受けるのは、『アーサー王の死』の写本研究や典拠研究が進んだ20世紀以降のことである。それゆえ、19世紀のマロリーの『アーサー王の死』を編集出版した人々がどのようにマロリーを記述しているのかという観点からも、序文は史料性が高い。マロリーの『アーサー王の死』は英語発達史上絶妙の時期に「ブレンド」された作品と評価したサウジーは、マロリーを「単なる翻訳者」でもなく「編纂者」でもなく、「創造的作

129）Malory/Southey, vol. 1, pp. ix-x.
130）1795年から96年にかけて5か月間サウジーはスペインとポルトガルに滞在しており、この滞在がサウジーの語学能力の基盤を作ったとODNBは指摘している。
131）Parins 1982, pp. 29-32.
132）*Malory, the Critical Heritage*, ed. Marylyn Jackson Parins, London and New York: Routledge, 1988, pp. 64-65.

者」像へとつなげる一歩を進めたといえる。

3) 典拠研究から19世紀のアーサー王物語の誕生へ

　「典拠研究はマロリー学を深める重要な触媒作用である」[133]とページ・ウェスト・ライフ（Page West Life）は言う。この言葉を転用するならば、サウジーの典拠研究を中心とした浩瀚な序論は、マロリー学のみならずアーサー王伝説の復興に思いもかけない影響を芸術分野で与えることになった。サウジー版の読者にはウィリアム・モリス（William Morris, 1834-1896）やエドワード・バーン゠ジョーンズ（Edward Burne-Jones, 1833-1898）、ダンテ・ガブリエル・ロセッティ（Dante Gabriel Rossetti, 1828-1882）、アルジャノン・チャールズ・スウィンバーン（Algernon Charles Swinburne, 1837-1909）を中心とするラファエル前派の詩人・画家がおり、彼らの愛読書となったことはつとに知られている。サウジーはフランス流布本『メルラン』から、魔法使いマーリンをヴィヴィアンが幽閉するエピソードを4ページにもわたり英語で引用・紹介している。アレグザンダー・ミッシャが「不可避の運命はまことに読む者を引き込む」と評するように[134]、読者としてのサウジーのみならず、当時入手しにくかった稀覯本から印刷された抜粋は19世紀の芸術家の想像力をかきたてた。

　湖の乙女ヴィヴィアンが9回円輪を描きながら9回呪文を唱えてマーリンを幽閉する絵画的な記述は、マシュ

ー・アーノルド（Matthew Arnold, 1833-1888）が詩「ト
リスタンとイズールト」（1852）の最後で、サンザシの
木の下で眠りについたマーリンの周りをヴィヴィアンが
ヴェールをはためかせて9回円輪を描き、囚われ人とす
る場面へと[135]、さらに白いサンザシに身をもたせかけ狂
気のまなざしをむけるマーリンと、振り返るヴィヴィア
ン（ニムエ）を描いたバーン＝ジョーンズの絵画へと引
き継がれる。さらに、「ランスロットとグイネヴィアの物
語がダンテの洗練された一節を生んだ」とサウジーが記
した注は[136]、ロセッティの手によって、ためらいがちな
まなざしを交わすパオロとフランチェスカ（"Paolo and
Francesca da Rimini," 1855, 1864）の絵画へと飛翔して
いく[137]。マロリーの『アーサー王の死』はテクストのみ
ならず、サウジーの序文と注を介して、さらに19世紀
の詩や絵画の一場面に昇華されていったのである。

———

133) Page West Life, *Malory and the Morte Darthur: A Survey of Scholarship and
Annotated Bibliography,* Charlottesville, VA: UP of Virginia, 1980, p. 14.
134) Alexander Micha, "The Vulgate Merlin," in *Arthurian Literature in the Mid-
dle Ages,* ed. R. S. Loomis, Oxford: Clarendon, 1959, p. 324. Parins 1982, p. 26.
135) アーノルドの着想源は『ケルト評論』に掲載されたラ・ヴィルマルケ
による一文であった可能性もある。
136) Malory/Southey, vol. 2, p. 490.
137) Dante Gabriel Rossetti, "Paolo and Francesca da Rimini" (1855).
Tate Gallery 所蔵の水彩画。Reference Number: N03056. William Dyce
による同主題の油彩画もある（1837年作）。髙宮利行『アーサー王伝説万
華鏡』、中央公論社、1995年参照。アーサー王伝説の美術作品の論考に
は以下の文献がある。Muriel Whitaker, *The Legends of King Arthur in Art,*
Woodbridge, Suffolk: Rochester ; NY, USA : D. S. Brewer, 1990. Debra N.
Mancoff, *The Arthurian Revival in Victorian Art,* New York: Garland, 1990.
Christine Poulson, *The Quest for the Grail : Arthurian Legend in British Art
1840-1920,* New York : Manchester UP, 1999.

第5章　『アーサー王の死』の出版競争第三幕
──ファーニヴァル対ストレイチー

1. マロリーのテクストの罠

　サウジーが1817年版で中世騎士道ロマンス研究の先鞭をつけたが、19世紀半ばには中世への関心の高まりから中英語テクストの刊行を目的とするさまざまな協会が誕生する。その一つが現代でもEETSとの呼び名で知られ、学問的評価の高いテクストを刊行する「初期英語テキスト協会」（Early English Text Society）である。創設者 F. J. ファーニヴァル（Furnivall, 1825-1910）はロンドン留学中の夏目漱石が出会った数少ない学者のひとりである。「元気な爺さんである」と書き記しているように、精力的な人物だったようだ。この協会の資金繰りに奔走し、生涯250冊を上梓し、オクスフォード英語辞典（OED）編纂事業の立ち上げにも尽力した。EETSから最初の刊行物 *Arthur: A Short Sketch of his Life and History in English Verse of the First Half of the Fifteenth Century*

（1864）を出版するにあたり、協会の目的を次のように
語っている。

> アーサーに関係するすべての初期英語テクストを印刷刊行す
> ることを本協会の目的のひとつとするので、わがブリテンの
> 英雄の生涯を描く小伝を、本協会の最初の刊行物とすると
> 決定した次第である[138]。

　当然、マロリーのテクスト『アーサー王の死』も出版
されて不思議はないはずだが、1冊もテクストは刊行さ
れていない[139]。その主な理由はストレイチーとファー
ニヴァルの不和にあった。協会からはすでに『ガウェイ
ン卿』（*Syr Gawayne*, 1864）、頭韻詩『アーサーの死』
（*Morte Arthure,* 1865）、『湖のランスロット』（*Lancelot
of the Laik*, 1865）が刊行されていた。1865年10月に
はファーニヴァルは「マロリーを出したい」（"I want
Malory done"）と直截に語っている。ストレイチーは
1867年6月にサウジー版の不備を発見したとファーニ
ヴァルに書き送ったところ、ファーニヴァルはEETSか
らマロリーを刊行しようと動き出す。1867年の7月に
は『ジェントルマンズ・マガジン』に「これまで気づか
れていなかったサウジー版の不備」を補完の上、キャク
ストン版のテクストを刊行するという宣伝を出すので
ある。「これまで気づかれていなかったサウジー版の不
備」こそ、ストレイチーが発見したと書き送った点であ
り、企画を先取りされると考えたストレイチーは反撃

を開始、*The Athenaeum* に 1867 年 9 月 2 日と 12 月 10 日に「サウジー版の挿入箇所発見したのは自分である」と立て続けに投稿、1868 年 2 月には「唯一完全なキャクストン版であるジャージー伯所蔵本と校合し、マクミランからグローブ版として刊行される」と宣言するのである。さらに恨みはおそろしい、ストレイチーの猛攻は続く。ファーニヴァルが「キャクストン版から引用した」と主張する箇所は、実はアップコットがド・ウォード版から補った箇所だった。鬼の首を取った如く、ストレイチーは慇懃な書簡をファーニヴァルに送る。「キャクストン版から引用なさったとおっしゃる箇所はどちらのキャクストンでしょうか。ご教示いただければ幸いに存じます」。これをもってファーニヴァルを黙らせたのである。マロリーのテクストには欠落と編集者による密かな介入の長い歴史があるだけに、テクストには落とし穴がいくつも隠されている。ファーニヴァルは知らずに墓穴を掘ってしまった。その結果、『アーサー王の死』の刊行予告はあるものの、EETS からマロリーの校訂テクストが刊行されることはなかったのである[140]。ちなみに、

---

138) Frederick James Furnivall, ed., *Arthur: A Short Sketch of his Life and History in English Verse of the First Half of the Fifteenth Century. Copied and Edited from the Marquis of Bath's MS*, London: Published for the Early English Text Society, by Trübner & Co., 1864. OS 2.

139) EETS から刊行されたのは 1976 年のウィンチェスター写本のファクシミリ版のみである。

140) 詳しくは拙論参照。"Making Malory 'readable' in the Victorian period: Frederick James Furnivall and Sir Edward Strachey," *POETICA: An International Journal of Linguistic-Literary Studies*, 95&96 (2021):105-123.

第 5 章 『アーサー王の死』の出版競争第三幕 117

ファーニヴァルもストレイチーもウィルクス版の読者で
あった。

2. グローブ版とは

　19世紀中葉以降、アルフレッド・テニスン（Alfred
Tennyson, 1809-1892）による『国王牧歌』（*Idylls of the
King*, 1859-1885）をはじめ、新たなアーサー王の作品
が誕生する。マロリーの『アーサー王の死』は1858年
のトマス・ライト版のほか、子供向けの再話本が多く刊
行される。

　中でもサー・エドワード・ストレイチーによるグロー
ブ版『アーサー王の死』（1868）の人気は群を抜いてい
た。「他のすべての版をあわせてもグローブ版の人気に
は匹敵しない」といわれるほどである[141]。

　グローブ版とは、そもそもマクミランによるグロー
ブ版シリーズのことで、シェイクスピア全集の出版か
ら始まる。ケンブリッジ大学 W. G. クラーク（Clark）
とトリニティ・コレッジの司書ジョン・グラヴァー
（John Glover）の編集の下、第一巻が1863年に出版さ
れた。これを機に出版者アレグザンダー・マクミラン
（Alexander Macmillan, 1818–1896）は、学者や学生向
けに編集された上質のテクストを一般読者用に値段を下
げて提供することを思いつく。マクミランはグローブ版
シリーズの仕上がりを「これほど安価で美しく、手軽な

書物は、かつて聖書をおいてなかった」[142]と自画自賛している。1864年に『グローブ・シェイクスピア』が刊行されると、チョーサーやミルトン、C. G. ロセッティなど 27 作品が後に続き、1977 年まで継続する人気シリーズとなった。シェイクスピアの初刷は驚異の5万部、3シリング6ペンスで売りに出された。『グローブ・シェイクスピア』という命名はグローブ劇場を連想させ、地球規模とは大げさと揶揄されたが、マクミランの出版人としての願いがこめられている。「グローブ・ライブラリを手がける出版者の狙いは、全世界の英語圏の同胞たちが高尚なる『強靭な死者の霊』と交わることができるように、正確で完全な編集によるテクストを最良の印刷紙に入念に鮮明な印刷をし、手ごろな価格で、便利な書物の形を整えて、あらゆる階級の人々に届けること」と、グローブ版の趣意書は謳う。「書物とは死者が人類に吹き込む生命」とのワーズワスを引いたこの趣意書には出版人アレグザンダー・マクミランがシリーズに賭ける思いがにじみ出ている。シリーズのマークは社名のMを下にあしらった書物の上に地球儀と鵞ペンが組み合わされている（図22）。ペン一本で生み出される書物

141）A.W. Pollard, "Preface" in *The Romance of King Arthur and His Knights of the Round Table*, London & New York: Macmillan, 1917, pp. xi-xii.
142）Arsdel, Rosemary T. Van. "Macmillan family (per. c. 1840–1986), publishers." Oxford Dictionary of National Biography. 26. Oxford University Press. Date of access 29 Sep. 2022, 〈https://www-oxforddnb-com.kras.lib.keio.ac.jp/view/10.1093/ref:odnb/9780198614128.001.0001/odnb- 9780198614128-e-63220〉

図22　マクミラン社グローブ版のロゴ

が地球を駆け巡るありさまは、その趣意書とともに、マクミランの思いが可視化された図柄といえよう。グローブ版シリーズは、確かにシェイクスピア全集にみられるようにテクストの質を誇り、うすクリーム色の上質紙に印刷され、活字は細かいながらも精密で均一な美しさを保っている。またすべての作品ではないが、索引や用語集、註や解説など独学用のツールが備えられており、自身もそうであったように、大学教育を受けることができなかった人々にも上質の古典テクストを身近な存在にしたいというアレグザンダー・マクミランの個人的な願いが重ねられているようだ。

　グローブ版叢書の評判は高い。『土曜評論』(*The Saturday Review*)は「グローブ版はその学問的な編集、印刷活字の秀逸さ、要を得て包括的で手軽な体裁、その廉さは

賞賛に値する」と評し、『文学界』（*The Literary World*）はさらに長めのことばを連ね、賛辞の輪に加わっている。

> これらの「グローブ」版は単に格安であるだけではない。いわゆる多くの廉価版ではなく、あらゆる点において優れている。内容は最上のもので、一流作家の古典作品の復刻であり、印刷はきわめて鮮明、目にも優しく、書物は美しくも、派手さをてらうようなことはなく仕上げられている。まさに限られた金額しか文学書の購入にあてられない若者のための書物であり、かならずや、若者の上質な蔵書の一冊として喜んで迎えられるにちがいない。（1899年テニスン詩集巻末掲載の宣伝文抜粋）

　ストレイチーの『アーサー王の死』は、「学問的な編集」を標榜するグローブ版シリーズ第5弾として出版され、人気を博す。しかしテクストは改竄版だったのである。そもそもテクスト改変の歴史を繙いてみよう。

3. 「書き改めること」──改変（Bowdlerization）の歴史

　英文学におけるテクスト改変の歴史は、一説によれば、1780年頃に遡る[143]。「新しいジャンルの創出」を自負する逸名作者は、繊細な感受性（sensibility）に照らして作品を「貞節なる読者の耳を汚さないような」表現・内容に改めたという。女性読者を想定し「読者の耳」

---

143) Noel Perrin, *Dr Bowdler's Legacy: A History of Expurgated Books*, New York: Atheneum, 1969, p. viii.

と特定している点が示唆的であろう。英語の「読む」
（read）には「声に出して読む」（read aloud）の意味が
ある。往々にして家庭の団欒の場で本を朗読するのが読
書の一形態であった。さらに読者層の拡大と繊細さを重
んじる社会の風土の変化に伴い、書物が及ぼす新しい読
者層への影響を危惧する現象が起こる。ウィルクス版の
編者ヘイズルウッドも「若者や女性、またきわめて道徳
心の強い読者の目にもかなうように」削除や書き換えを
した、と自らの編集方針を高らかに謳っていたことを思
い出そう。19世紀に入ると、読者への配慮という名の
もとに、テクストの「野卑な表現」を和らげる改竄・改
変が一層推進されたのである。

　英語で「改竄・改変する」を意味する "bowdlerize"
という語は、トマス・バウドラー（Thomas Bowdler,
1754-1825）という英国人医師の名前に由来する。トマ
ス・バウドラーは同名の父トマスと母エリザベスとの間
に末子として生まれた。母エリザベスは、その蔵書が現
在の大英図書館の一部となった17世紀の稀代の書物・
写本蒐集家、サー・ロバート・ブルース・コットン（Sir
Robert Bruce Cotton, 1571–1631）の末裔である。教養
豊かなエリザベスは6人の子供の幼少期の良き教師であ
り敬虔なキリスト教徒であったという。この母の影響も
あり、トマスは宗教的な家庭環境で育ったようだ。エジ
ンバラ大学で医学を修め、1781年には王立協会（Royal
Society）会員に選出されるものの、1785年に父親が死

去すると医業から身を引いてしまう。その代わりに従事したのが、社会悪を治療する道徳の伝道師とでもいうべき活動である。ロンドンで監獄改善運動や慈善活動に身を投じたのみならず、道徳の伝道師の標的は刊行物にも及び、1787年に設立された「不道徳」な刊行物の出版を阻止する協会（Proclamation Society）の活動にも従事する。そのようなトマスが1818年に出版したのが『家庭向けシェイクスピア全集』である。その序文を引用する。

> 読書を完璧なるものとすることにかけて、わが父の右に出る者はいない。父の鑑識眼、繊細な敏感さ、そして即興の判断力によって、家族は父の朗読を楽しみ、リアやハムレットやオセロに耳を傾け、比類なき悲劇に、声に出すには不適切な言葉や表現があるとはまったく気づかなかったのである。……のちに、父が家族のためにあれほどたやすく、上首尾にやってのけたことを、公衆の利益のために非力ながら、……この私が実践してみようと思い立ったのである。それゆえ、仮に「家庭向けシェイクスピア」というタイトルが少しでも価値があるとすれば、それはわが父に由来するものであることをここに記しておきたい[144]。

---

144) 引用はすべて拙訳。Thomas Bowdler, *The Family Shakespeare, in Ten Volumes; in which nothing is added to the original text; but those words and expressions are omitted which cannot with propriety be read aloud in a family,* the *fourth edition,* London: Longman, 1825, vol. 1, xviii. 慶應義塾図書館所蔵番号 B932@S1@21@1

「父親が自宅で子供に読み聞かせをする際に頬を赤らめ当惑することがないように」という口上のもと、トマスの道徳観（propriety）に照らして不適切な表現を削除・修正した安全なテクスト『家庭向けシェイクスピア全集』はロングマンから1818年に刊行された。トマスはエドワード・ギボン（Edward Gibbon）の『ローマ帝国衰亡史』（*The History of the Decline and Fall of the Roman Empire*）の改竄を死の間際まで手がけ、没後1826年に出版された。トマス・バウドラーにとって改竄とは、「原著者ギボンもきっと同意してくれるにちがいない」行為であり、シェイクスピア作品の改竄の目的は「シェイクスピアの著作から作品の価値を損なう欠点を取り除くこと」である。すなわち改竄によってシェイクスピアの価値は高まると考えていたのである。

　バウドラーの『家庭向けシェイクスピア』は刊行当時もその評価は分かれた。『ブラックウッド・マガジン』は1821年にバウドラーの編集方法を批判するが、『エジンバラ評論』は支持に回り、その騒動が耳目を集めたこともあり、版を重ねていく。版権が切れる1860年代には3度再版され、11版を数えた[145]。バウドラーの顰に倣う新たな改竄版シェイクスピア全集は1850年までに7版を数え、1900年までには50を超えた。バウドラー版の意義は、スウィンバーンのことばが雄弁に物語っている。

124

シェイクスピアにバウドラーほど貢献した者はいない。シェイクスピアを知的で想像力豊かな子供たちに手渡すことができたのだから[146]。

　スウィンバーンは英国ヴィクトリア朝の桂冠詩人アルフレッド・テニスンが描いたアーサー王世界を痛烈に批判したことでも知られる。テニスンの『国王牧歌』ではアーサー王とモードレッドの血縁関係が否定されており、スウィンバーンはこれを断じ、近親相姦によってモードレッドが誕生するのは悲劇の要であると主張した。さらに自身の詩作『詩とバラッド』（*Poems and Ballads,* 1867）は「不道徳」という非難にさらされ回収されるなど、奔放な筆で知られる詩人である。それだけに、バウドラーの『家庭向けシェイクスピア』を擁護する彼の証言は重い。グローブ版1868年版の表紙中央にテニスンの肖像があしらわれているのは象徴的である（図23）。当然ながら、テクストの書き換えや削除は決して称揚されるべき編集行為ではない。だが、バウドラーの編集方針が子供向けテクスト刊行の指針となり、ヴィクトリア朝においては作品普及に貢献をした。子供のために削除

145）St Claire, p. 712.
146）M. Clare. Loughlin-Chow, "Bowdler, Thomas (1754–1825), writer and literary editor." Oxford Dictionary of National Biography. 08. Oxford University Press. Date of access 29 Sep. 2022, ⟨https://www-oxforddnb-com.kras.lib.keio.ac.jp/view/10.1093/ref:odnb/9780198614128.001.0001/odnb- 9780198614128-e-303⟩

The Globe Edition.

MORTE DARTHUR

*Sir Thomas Malory's Book
of King Arthur and of his Noble Knights
of the Round Table*

The original edition of Caxton revised for modern use,

WITH AN INTRODUCTION,

BY

SIR EDWARD STRACHEY, BART.

SECOND EDITION.

London:

MACMILLAN AND CO.

1868

図23　1868年グローブ版『アーサー王の死』
　　　表紙を飾るテニスンの肖像画

版テクストは重宝されたのである。

☰✎ Column

福澤一家も愛読？ グローブ版叢書

　慶應義塾大学図書館には福澤時太郎の寄贈票がついた 1899年マクミラン出版のグローブ版テニスン詩集が所蔵されている[147]（図24）。時太郎は福澤諭吉の次男捨次郎の長男である。丸善のロゴがついているので日本で購入したと思われるが、興味深いことに見返しの署名は時太郎ではなく、姉の園のものである[148]。「Sono Fukuzawa 1906」と記されていることから、明治39年、園が14歳の年にテニスン詩集を手にしたことになる。女子教育に熱心であった福澤諭吉亡き後も、教育熱は受け継がれた名残か。しかし残念なことに、テクストはほとんど製本時のままで未開封の頁ばかり、読まれた様子はなさそうだ。

図24　福澤家のグローブ版
1）福澤時太郎寄贈印 昭和12年1月15日（左）
2）同書のフライリーフの福澤園の署名1906年（右）

147）慶應義塾図書館所蔵番号B42@86@1
148）福澤家の情報については、慶應義塾福澤研究センター都倉武之氏にご教示いただいた。謝辞を表したい。

4. グローブ版『アーサー王の死』の誕生と改竄

　グローブ版のアーサー王物語は、どのように改竄されたのか。その序文においてストレイチーは主張する、「テクストは正確を期しつつも、読み易くするために、現代のマナーに則さない言い回しや箇所は削除もしくは言い換えた。削除した箇所は多くはなく、サウジー版やゾンマー版を除けば、本テクストは最もキャクストン版に忠実で精度の高いテクストである」と。たしかにキャクストン版を底本としサウジー版の不備を指摘し、綿密な校訂を行った点で、グローブ版は他のテクストよりも原作に近いと自負するストレイチーの主張はある程度正しい。しかしながら、削除や言い換えを行った箇所は少なくはない[149]。改変は 400 箇所以上に及び、その改竄はおよそ3パタンに分類できる。第一に性行為が連想される表現、第二に冒瀆的表現、そして第三が直截に身体を示す野卑と思われる表現である。第一のカテゴリーで削除の対象となった言葉はたとえば「ベッド」や「夜」、「横たわる」（lie by）であり、したがって、夜にベッドで横になったはずの2人は、おそらく注意深い読者であれば「はてなの疑問符」が浮かぶかもしれないが、昼間に2人で健全な会話を交わす関係と改変されるのである。第二の冒瀆という範疇では、主に神の御名を呼ぶ誓言においては、「神様お助けを」（so God me help）「イエス様ご慈悲を」（a mercy Jesus）の代わりに、「ほんとう

に」（Truly）や「ああ〜」「おやまあ」（alas）と感嘆詞で済ませるか、削除されれば、無反応・無言を強いられることになる。第三の範疇では「腹」(belly)「肝」(gut)「尻」(buttock)などは消去、言い換えられ、結果的にグローブ版の人物は淫ら行為をしないので、「みだらな」（bawdy）という言葉も削除。ランスロットが槍試合に行く前に女狩人の矢が臀部に刺さり、騎乗することも叶わないというやや滑稽な逸話では、大腿部に傷を負う話に変更され、と、書く筆者も直截な表現を避けているのではあるが（詳細は拙稿をどうぞ）。

　グローブ版シリーズの画期的な点は、一部の読者にのみ閲覧が許された貴重書を一般読者に解放したことである。本のデモクラシーを進めたマクミランの意向を編者ストレイチーはどのように受け止めたのだろうか。テクストの上質さを追求したグローブ版であるなら、『アーサー王の死』は初版キャクストン版を底本にしなければシリーズの名折れである。再度登場いただくスペンサー伯家は『アーサー王の死』の出版には欠かせない要である。ストレイチーはスペンサー伯が一時的に寄託したキャクストン版とド・ウォード版を大英博物館（現在の大英図書館）で校訂し、さらに現存する唯一の完本キャ

149）グローブ版『アーサー王の死』については拙稿を参照。Yuri Fuwa, "The Globe Edition of Malory as a Bowdlerized Text in the Victorian Age," *Studies in English Literature*, English Number (Tokyo, 1984): 3-17. 日本語による拙稿は『書物學』（2018）、巻末の文献案内を参照。

クストン版をジャージー伯（Earl of Jersey）家で閲覧する。「入念な校訂箇所」はスペンサー本の欠落部を補うためにストレイチー自身が行った校合を意味する。その後ジャージー伯のキャクストンは競売に付され、米国アビー・ポウプ（Abby Pope）夫妻の手に渡ってしまう。両キャクストン版を英国で校訂したおそらく最後の人物がストレイチーであろう。その結果、サウジー版にはファクシミリが無断で挿入されていることを刊行 50 年後に初めて発見した。テクスト校訂の重要さを指摘し、19 世紀末以降のマロリー学に貢献することになる。惜しむらくは、テクストの精確さを謳い、希求したにもかかわらず、一般読者と若者のための「改良目的」にテクストの削除と書き改めという「編集のペン」を振るったことである。不義密通を含むアーサー王物語がもつ宿命か、ヴィクトリア朝という時代の要請か、ストレイチーという宗教的な文筆家ゆえの性か、読者を有害な記述から守るという保護者的な動機が、一般読者に知識を得る機会を平等にしようとするマクミランの試みの中に滑り込んでいるのは皮肉というしかない。

5. 『アーサー王の死』はどのように受容されたのか

1）騎士道、そして戦いの伴走者

　本のデモクラシーを推し進めたマクミランのシリーズ刊行は民主主義的とみえる。だが、その趣意書には英語

第一主義を標榜し全世界に英語のテクストを、というキャンペーンが躍り、植民地主義の香りが紛々、大英帝国の海外での覇権競争という時代背景も浮かび上がる。マクミランはアメリカでも事業を展開し1869年のニューヨークを皮切りに、その後1931年までに北米ではニューヨーク、ボストン、シカゴ、ダラス、アトランタ、サンフランシスコ、カナダのトロントに加え、ボンベイ、カルカッタ、マドラス、メルボルンが加わり、予言どおり、グローブ版の名に恥じず、地球の隅々に事業を伸展させている様子がみてとれる。キャクストンがマロリーの騎士物語に見出した美や善は、ストレイチーにおいては騎士道精神が愛国心に変換され、自己犠牲が称揚される。アーサー王物語は少年向けの作品として、世界に遍歴の騎士よろしく「冒険」や、聖杯の探索よろしく「探検」に出かける者たちに「騎士道」という精神的支柱をも提供することになった。アラビアのロレンス（T. E. Lawrence, 1888-1935）が聖書とマロリーを戦地に持参したという逸話は、聖書に神の言葉を模索し、アーサー王物語に行動の指針の拠り所と精神の高揚を求めた、当時の読者のアーサー王物語の読み方・読まれ方の一例を示しているのかもしれない。『アーサー王の死』の本の見返しには時折、署名と共に添えられたことばがある。蔵書主の決意であったり、息子の成長を願う父親であったり、少年読者に込めた家族の思いが刻まれている。1899年のグローブ版の見返しに記されているのは"All

図25　見返しに残された書き込み
１）All Play fair（左）　２）ウィルクス版第１巻（右）
1859年２月父から子へ：from his Father for Good Conduct
1976年Derek BrewerからＴ．Ｔ．へ
（髙宮利行名誉教授の筆で記されている）

Play fair"。騎士道精神が愛国心を支える精神的な支柱に
されたことを思い起こすとき[150]、この３語を蔵書主は
どのような思いで刻み、行動指針としてフェアプレイの
精神を、どこで誰に向かって発揮したのだろうか（図
25）。

２）さまざまな境遇の読者たち

　獄中で書かれた『アーサー王の死』は獄中の人の心
をつかんだ。オスカー・ワイルドが差し入れを希望し
た書物の１冊がグローブ版の『アーサー王の死』だった。
1896年の書簡に「3/6」という数字が記されているが、

これは叢書価格3シリング6ペンスのこと、安価装丁版の『アーサー王の死』を、ワイルドは獄中で読んだのである[151]。獄中の人となるエピソードは『アーサー王の死』に多々登場する。ランスロットもトリスタンも罠にはめられ、捕らわれ、投獄される。

> トリスタン卿は大変な苦痛に耐えた。なぜなら病魔が襲ったからである。それは監獄にいる者にとってはこの上ない辛さである。なぜなら、身体が健康であるときは神の御慈悲のもと、無事釈放を願い、耐えることができよう。しかしいったん囚人の肉体が病に冒されると、すべての幸せは奪われ、ただ嘆き涙するのみ。それゆえ、トリストラム卿は病に冒されると、ひどく悲しみ、あたかも死なんばかりだったのだ。[152]

このトリスタンが嘆く獄中の痛みに、読者リー・ハントは反応した。引用箇所に縦線が引かれ、欄外には「ああ！　この世の遍歴の騎士にはもろもろの修業があるが、肉体の試練でなくして、いかほどのものかを私は知っている」と、獄中の苦しみに共感する書き込みがウォーカー版に残されている。リー・ハントは不偏不党を旨とするリベラル派雑誌 *The Examiner* に1812年、当時の皇太

150）マーク・ジルアード『騎士道とジェントルマン──ヴィクトリア朝社会精神史』高宮利行訳、三省堂、1986年。
151）Gaines, 24. *The Letters of Oscar Wilde*, ed. Rupert Hart-Davis, New York: Harcourt, Brace & World, 1962, p. 416, n. 5 Online でも読むことができる。〈https://archive.org/details/in.ernet.dli.2015.225943/page/n448/mode/1up?view=theater〉[accessed 6 Oct. 2022].
152）Malory/Walker, 1: 431.

図26　ジョージ・クルックシャンクによる
皇太子をクジラに見立てた風刺画

子（Prince of Wales, 後のジョージ4世）を揶揄するチャールズ・ラムの詩「クジラの勝利」（The Triumph of the Whale）を掲載し、誹謗罪で禁固2年の刑を受けた。ウェールズとホエールズをかけていることは言うまでもない。ジョージ・クルックシャンクによる皇太子をクジラに見立てた風刺画は苦笑を誘う（図26）。しかしながら、獄中にあるハントの苦しみは切実である。『アーサー王の死』にはハントのような獄中を経験した者や苦しみにある者が、自らの境遇と重ねて読み込む読者がいたのである。

　マロリーは恩赦から二度も除外される状況の中で、アーサー王の死と円卓の崩壊、王妃グウィネヴィアと騎士ランスロットの死を記して筆を置く。作品最後を締めくくり、「わたくしが生きている間に」釈放されますようにと読者に祈りを乞うことばには悲壮感が漂う。ただし、この祈りは写本にのみ残る祈りで、19世紀の印刷本に

はない[153]。それゆえ、ワイルドもハントもマロリーの祈りを目にすることはなかったはずだ。しかし、戦場を知るマロリーは死期が迫る幽閉状態の下、アーサーと円卓の騎士たちが否応なく死に向かっていく最期を、圧倒的な筆力で描く。その文体は至って素朴である。マロリーの語り口は「崇高ともいえる素朴さ」（スコットのことば）を備え、それゆえに C. S. ルイスが評するごとく、「『アーサー王の死』は喜びにみちた本であると同時に、高貴なる物語」[154] であり、万人に訴える魅力を備えているのである。

　時代を経て生き残った最大の理由はマロリーの語る力と物語の力である。作品への評価をめぐって、D. S. ブルアーは、物語に一貫性があることを評価の基準としようとした20世紀の学者に苦言を呈して、「そもそも『アーサー王の死』は19世紀のリアリズム小説ではない」と断じる。そしてマロリーの作品の強靭さを語るのである。「整合性を求めて批評家諸氏は作品をいじくりまわすが、『アーサー王の死』はそれにも耐えうる強さがあるのだ」。批評家のペンも編集者のメスも、マロリーはかいくぐり生き延びる。道徳的なテクストを目指す編集者の改竄のナイフであっても、アストラットの百合の乙

---

153) ウィンチェスター写本を底本としたテクストには残されている。手軽な1巻本であれば、Oxford World Classics や Norton がある。文献案内を参照。
154) C. S. Lewis, "The English Prose Morte" in *Essays on Malory*, ed. J. A. W. Bennett, Oxford, 1963, p. 9. Field, p. 174.

女イレインの逸話を削除することはできず、彼女のラン
スロットへの一途な愛の物語と力強い言葉を削除するこ
とはない。悲劇の車輪が回りだし、偶然の連鎖によって
円卓が瓦解、アーサー王と騎士たちが迎える最期への物
語はいずれも削除されることを拒む。削除ばかりではな
い。キャクストンの後継印刷者ド・ウォードは、円卓の
崩壊後、アーサーとグウィネヴィアの弔いにあたり、読
者に呼びかける。「ああ、この常ならぬ世において、は
かない栄華を追い求める諸侯殿方よ」と、諸行無常に響
き合うようなことばを投げかけ語る、「アーサーの死と
呼ばれるこの書は、しげく読まれることが必要なのだと
私は思う。というのもこの書には、この世で最も高貴な
騎士たちによる優雅なる騎士らしい徳にみちた戦いがあ
り、それゆえに常に賞賛されているのだ」[155]。キャク
ストンの手を離れるやすぐにテクストは、印刷者・出版
者・編集者・読者の声が追筆され、原作と渾然一体化し、
後世の読者へと伝わり、マロリーを薦めているのだ。加
筆されても、削除されてもマロリーの物語は残り、円卓
の主亡き後も、『アーサー王の死』の物語は終わらない、
じつにしぶとい、未来に開かれた物語なのである。

155）このド・ウォードのテクストはストレイチーに指摘されるまでキャ
クストン版の文言と 19 世紀読者に誤解されていた。実際はサウジー版編
集者アップコットによるド・ウォード版からの挿入。

おわりに

　ウンベルト・エコとジャン゠クロード・カリエールは
『もうすぐ絶滅するという書物について』と題し、書物
への愛を語る書物を 2010 年に上梓した。電子書籍が
登場し、愛書家は絶滅危惧種になるのか。デジタル書籍
では、リー・ハントが体験したような、本の頁を繰る指
の感触、古書を開いた時の活字や紙が発する匂いなど身
体的読書体験は失われる。身体的読書は密接に記憶媒体
として機能している。　その一方で、デジタル化された
写本や古書は肉眼で一見捉えられない詳細な書物に残さ
れた痕跡を辿ることができ、テクストを囲むパラテクス
ト的要素を結びつけ、テクストのコンテクストをより縦
横に分析し、新たな解釈を提示することも可能だ。コロ
ナ禍によって海外調査が困難な状況下であっても研究を
可能にしたのは古書のデジタル化である。書物は書物を
作った人々の総体であり、書誌学とは書物にかかわった
人々の意志が物質的に可視化された結晶として書物を視、
研究することであろう。デジタル化の時代においてこそ、
あらたな書誌学的アプローチが文学の可能性を広げるの
ではないだろうか。
　ポストコロニアルの時代において、いわゆる「白人男

性」による文学の相対的地位は低下しチョーサーやマロリーといった中世英文学の代表格でさえも英国の大学において周縁化され、英文学の正典の見直しが迫られているという。大学は時代の要請に応えよ、という圧力は強い。しかし、各時代に「重要でありつづけること」とは「時代の求める重要さ」に——それは相対的にすぎない価値に——身をさし出すことになりかねない[156]。本書は「消滅するかもしれない書物」と「重要ではなくなるかもしれないマロリー」への、将来へのオマージュを込めて、筆を執り、ここに置く。

　アーサー王物語に惹かれてテクストを世に送った声なき人々の声を拾い、小型ポケット本として生き返らせ読者諸氏に届けられたのなら、幸いである。

　　　　　　　　　故 Mrs Elisabeth Brewer に捧げる。

156）西洋中世学会誌『西洋中世研究』（2021年13号）に掲載された井口篤氏「中世英文学の研究動向」の論考を参照。2022年5月21日開催日本英文学会第5部門のシンポジウムに登壇くださった向井剛氏、高木眞佐子氏、徳永聡子氏、そしてコメンテーター加藤誉子氏には、企画段階から貴重な知見をいただいた。ここに心からの謝意を表したい。

謝辞

　本書の刊行にあたり、拙稿へのご意見を下さり、多方面でご配慮下さり支えてくださった慶應義塾大学教養研究センターの皆様、出版のプロ魂を発揮してくださった慶應義塾大学出版会の小磯勝人氏、安井元規氏、喜多村直之氏、細かい注文に応じてくださった装丁デザインの斎田啓子氏、そして長年研究を支えてくれた家族にこの場を借りて御礼申し上げます。

2023年2月
不破 有理

文献案内（もっと勉強したい人のために）

■サー・トマス・マロリーの作品

１．研究向け

Malory, Thomas, *The Works of Sir Thomas Malory*, 3rd edn, ed. Eugène Vinaver, rev. by P. J. C. Field, 3 vols. Oxford: Oxford Univ. Press, 1990.［ウィンチェスター写本にもとづく校訂本］

____ , *Sir Thomas Malory: Le Morte Darthur*, ed. P. J. C. Field, 2 vols. Cambridge: D. S. Brewer, 2013.［フィールド教授自身の新たなウィンチェスター校訂本。これまでの研究成果を盛り込み、最も作者 Malory に近いテクストを目指して結実した画期的なテクスト］

____ , *The Winchester Malory: A Facsimile*, with an Introduction by N. R. Ker London: Oxford Univ. Press for the Bibliographical Society, 1976.［ウィンチェスター写本のファクシミリ］

____ , *Sir Thomas Malory Le Morte D'Arthur Printed by William Caxton 1485 Reproduced in facsimile from the copy in the Pierpont Morgan Library*, New York, with an introduction by Paul Needham. London: The Scolar Press, 1976.［キャクストン版のファクシミリ］

Kato, Tomomi 加藤知己 ed. *A Concordance to the Works of Sir Thomas Malory.* Tokyo: University of Tokyo Press, 1974.［Vinaver 版を底本にしたコンコーダンス］

Kiyokazu, Mizobata 溝端清一 ed. *A Concordance to Caxton's Morte Darthur (1485).* Osaka: Osaka Books, 2009.［Caxton 版のコンコーダンス］

Field, P. J. C., *The Life and Times of Sir Thomas Malory.* Cambridge: D. S. Brewer, 1993.［Malory 像を確定させる伝記研究の決定版］

Leitch, Megan G., and Cory Rushton, *A New Companion to Malory.*

Woodbridge, Suffolk and Rochester, New York: D. S. Brewer, 2019.〔3章と5章に Malory 学の流れと印刷テクスト史の簡潔なまとめ、14章には高木眞佐子氏による日本における Malory 受容の論考あり〕

髙宮利行・松田隆美編著『中世イギリス文学入門——研究と文献案内』（東京：雄松堂出版, 2008）〔加藤誉子氏によるマロリー、向井剛氏によるキャクストンの解説あり〕

2. まず英語で読んでみたい方へ

Malory, Thomas, *Le Morte Darthur Sir Thomas Malory*, ed. Stephen H. A. Shepherd, New York: W. W. Norton, 2004.〔Winchester 写本のテクスト（パラグラフ、マージナル、話の区分、飾り文字、フォント・サイズ、固有名詞の朱書きなど）を再現し、中世読者の読書体験の復活を目指した、おススメの校訂本〕

____ , *Le Morte Darthur,* ed. Helen Cooper, Oxford World's Classics, Oxford: Oxford Univ. Press, 1998.〔ウィンチェスター写本にもとづく校訂本。難語には各ページ欄外で注釈。巻末には詳細な注釈あり。現代英語の綴りで読み易さ、値段が手ごろという点でおススメ〕

____ , *The Morte Darthur Parts Seven & Eight*, ed. Derek S. Brewer, London: Arnold, 1968, repr., Northwestern University Press, 1972.〔ウィンチェスター写本にもとづく第7と8巻のみ校訂本。珠玉の序文あり〕

____ , *Le Morte Darthur: The Seventh and Eighth Tales,* ed. P. J. C. Field, London: Hodder and Stoughton, 1978.〔ウィンチェスター写本にもとづく第7巻と8巻のみの校訂本。教科書版ながら、マロリーの典拠との比較を含む詳しい注釈あり〕

____ , *Le Morte D'Arthur*, ed. Janet Cowen, 2 vols, The Penguin English Library, Harmondsworth: Penguin Books, 1969.〔キャクストン版で読みたい現代読者のための校訂本。John Lawlor の序文。Kindle 版あり〕

_____, *Le Morte Darthur: The Original Text edited from the Winchester Manuscript and Caxton's Morte Darthur*, ed P. J. C. Field, Cambridge: D.S. Brewer, 2017.［2013年Field版のテクストのみをペーパーバックで読める］

_____, *Sir Thomas Malory's Morte Darthur: A New Modern English Translation Based on the Winchester Manuscript,* ed. and trans. Dorsey Armstrong, Anderson, South Carolina: Parlor Press, 2009.［ウィンチェスター写本をもとにした完訳。新たに90のTaleに分類された目次とVinaver版、Caxton版の3種類の目次付き］

3. 翻訳

マロリー、トマス、厨川文夫・圭子編訳『アーサー王の死』中世文学集I（ちくま文庫、1986年）［キャクストン版の第1巻、5巻、11巻、12巻、18-21巻を含む抄訳2020年23刷。文庫は重宝］

マロリー、トマス、中島邦男・小川睦子・遠藤幸子訳『完訳 アーサー王物語』(上)（下）2巻本（青山社、1995年）［ウィンチェスター写本を底本とした完訳］

マロリー、トマス、井村君江訳『アーサー王の死』5巻本（筑摩書房、2004-2007年）［キャクストン版の完訳 ビアズリーの挿絵500余り完全収録］

■印刷・書物史・書誌学・読者論 英文文献は本稿で言及したもののみに限定

『中世イギリス文学入門』の「キャクストン」の項目

山田昭廣『本とシェイクスピア時代』東京大学出版会、1979年。

―――『シェイクスピア時代の読者と観客』名古屋大学出版会、2013年。

R. シャルチエ、福井憲彦訳『読書の文化史――テクスト・書物・読解』新曜社、1992年。

ロジェ・シャルチエ、長谷川輝夫訳・解題『書物の秩序』文化科学

　　高等研究所、1993 年。

宮下志朗『本を読むデモクラシー―“読者大衆”の出現』刀水書房、
　　2008 年。

――『書物史のために』晶文社、2002 年。
　　　［宮下氏の書物はいずれも文献案内充実］

D. F. McKenzie, *Bibliography and the Sociology of Texts,* Cambridge:
　　Cambridge UP, 1999.

James Raven, *The Business of Books Booksellers and the English Book
　　Trade 1450-1850*, New Haven and London: Yale UP, 2007.

■『アーサー王の死』の印刷・出版史・編集に関わる論考 日本語
のみ

・髙宮利行「『アーサー王の死』の出版と受容の歴史――キャクス
　　トン版（1485）からフィールド版（2013）へ」徳永聡子
　　編著『出版文化史の東西――原本を読む楽しみ』慶應義塾
　　大学出版会、2015 年

・向井剛『英国初期印刷本研究への誘い――書誌学から文学・社
　　会・歴史研究へ』勉誠出版、2021 年。

・不破有理「『アーサー王の死』（1816 年）の印刷者 Robert Wilks
　　――未刊行資料から伝記的再構築の試み（その 1）」、『慶
　　應義塾大学日吉紀要英語英米文学』、74 号（2021 年）、
　　1-42 頁；（その 2）77 号（2023 年）、95-141 頁。

・―――「読み易くすること：読者層の拡大とグローブ版『アーサ
　　ー王の死』（1868）が希求した改竄」、『書物學』第 14 巻、
　　勉誠出版、2018 年、25-33 頁。

・―――「作者・編集者・出版者・読者のしなやかな境界――サ
　　ー・トマス・、マロリーの『アーサー王の死』のテクスト
　　改変の歴史」、安形麻理編、『文献学の世界――書物の境
　　界』慶應義塾大学文学部、2018 年、57-69 頁。

・―――"Reprinting Malory: Walker, Wilks, and Southey," *The
　　Morte Darthur : a Collection of Early-Nineteenth-Century
　　Editions with an introduction by Yuri FUWA* ［アーサー王物

語の集大成：サー・トマス・マロリーの『アーサー王の死』（Sir Thomas Malory, *Morte Darthur*, 1485年）Walker版（1816年）、Wilks版（1816年）、Southey版（1817年）の復刻によせて］、7 vols. Tokyo: Eureka Press, エディション・シナプス、2017年［解説：英語 pp.3-46; 日本語 pp.51- 101.］

・────「Does Format Matter? ────トマス・マロリー『アーサー王の死』1816年版 Walker edition の判型を解読する」、『慶應義塾大学日吉紀要英語英米文学』、68号（2016）、1-24頁。

・────「「よりよいテクスト」探索の旅：サー・トマス・マロリー『アーサーの死』をめぐる数奇な出版事情と編集者たち」『旅する書物・旅の書物』、慶應義塾大学出版会、2015年、40-71頁。

初出一覧

【第2章】

Yuri Fuwa, "Paving the Way for the Arthurian Revival: William Caxton and Sir Thomas Malory's King Arthur in the Eighteenth Century," *Journal of the International Arthurian Society* 5.1 (2017): 59-72.

【第3章】【第4章】

"Reprinting Malory: Walker, Wilks, and Southey," *The Morte Darthur : a Collection of Early-Nineteenth-Century Editions with an introduction by Yuri FUWA* ［アーサー王物語の集大成：サー・トマス・マロリーの『アーサー王の死』(Sir Thomas Malory, *Morte Darthur*, 1485年) Walker版（1816年）、Wilks版（1816年）、Southey版（1817年）の復刻によせて］, 7 vols. Tokyo: Eureka Press, エディション・シナプス、2017年. ［解説：英語 pp. 3-46：日本語 pp. 51-101.］

【第5章】

1. "Making Malory 'readable' in the Victorian period: Frederick James Furnivall and Sir Edward Strachey," *POETICA: An International Journal of Linguistic-Literary Studies* 95&96 (2021): 105-123.

2-4.「読み易くすること：読者層の拡大とグローブ版『アーサー王の死』(1868) が希求した改竄」、『書物學』、第14巻（勉誠出版、2018年）、25-33頁。

図版出典一覧

【図1】 ジョン・ルイス『キャクストン伝』（1737年）
Eighteenth Century Collections Online (ECCO) より

【図2】 キャクストンの肖像画（1737年）
Eighteenth Century Collections Online (ECCO) より

【図3】 ディブディン（1810年版）のキャクストン肖像画
筆者蔵リプリント版より筆者撮影

【図4】 ディブディン（1810年版）の『古活字の遺物：印刷の歴史』題扉
筆者蔵リプリント版より筆者撮影

【図5】 キャクストン版（1485年）　5-1　目次最後　5-2　本文冒頭
The John Rylands University Library of Manchester 所蔵：
Incunable 18930

【図6】 ド・ウォード版（1498年）　6-1　目次最後　6-2　本文冒頭
The John Rylands University Library of Manchester 所蔵：
Spencer 15936

【図7】 ロングマンの帳簿1815年4月28日
Reading University Library, Longman Archive, LONGMAN
C1 P218（筆者撮影）

【図8】 1816年 Walker版・Wilks版・1817年 Southey版（筆者蔵・
筆者撮影）

【図9】 Wilks版（1816年）と Stansby版（1634年）の円卓図とタ
イトルページ（慶應義塾蔵）

【図10】 Walker版の題扉（筆者蔵・筆者撮影）

【図11】 Wilks版の題扉　（筆者蔵・筆者撮影）

【図12】 判型図70（Wilks版）
from Philip Gaskell, *A New Introduction to Bibliography*, Oxford
University Press, 1972. Courtesy of Oak Knoll Press

【図13】 ロングマンの帳簿1816年2月22日
Reading University Library, Longman Archive, LONGMAN

H8 f248v（筆者撮影）

【図14】Walker版判型検分（筆者撮影）

【図15】判型図63（Walker版）
　　　　from Philip Gaskell, *A New Introduction to Bibliography*, Oxford
　　　　University Press, 1972.　Courtesy of Oak Knoll Press

【図16】ウィルクス版原装本
　　　　スコットランド国立図書館蔵（筆者撮影）

【図17】ロバート・ウィルクスの年季公証文
　　　　London Metropolitan Archive; Reference Number: *COL/CHD/*
　　　　FR/02/1236-1243（2021年1月16日閲覧）

【図18】ロバート・ウィルクス破産競売目録
　　　　セント・ブライド図書館蔵（筆者撮影）

【図19】ウィルクス版『アーサー王の死』「半額セール」の広告
　　　　The Liverpool Mercury, 1818 Friday 24 April, p. 341, column
　　　　4.

【図20】ウィルクス版の用紙の透かし模様（ウォーターマーク）
　　　　スコットランド国立図書館蔵（筆者撮影）

【図21】スタナップ印刷機とミズノプリンティング・ミュージアム
　　　　水野雅生館長（筆者撮影）

【図22】マクミラン社グローブ版のロゴ
　　　　［左］筆者蔵・筆者撮影
　　　　［右］https://seriesofseries.owu.edu/globe-edition/（2023年2
　　　　月22日閲覧）

【図23】1868年グローブ版『アーサー王の死』　テニスンの肖像画
　　　　（筆者蔵・筆者撮影）

【図24】福澤家のグローブ版
　　　　慶應義塾図書館　所蔵番号 B42@86@1（筆者撮影）

【図25】見返しに残された書き込み（慶應義塾蔵・筆者撮影）
　　　　［左］慶應義塾図書館　グローブ版　所蔵番号 B17@171@1
　　　　［右］慶應義塾図書館　ウィルクス版　所蔵番号 特殊コレク
　　　　ション1　B@933@M13@15-1

【図26】 ジョージ・クルックシャンクによる皇太子をクジラに見立てた風刺画

The Scourge : or, Monthly expositor of imposture and folly : Free Download, Borrow, and Streaming : Internet Archive （2022年12月1日閲覧）

刊行にあたって

　いま、「教養」やリベラル・アーツと呼ばれるものをどのように捉えるべきか、教養教育をいかなる理念のもとでどのような内容と手法をもって行うのがよいのかとの議論が各所で行われています。これは国民全体で考えるべき課題ではありますが、とりわけ教育機関の責任は重大でこの問いに絶えず答えてゆくことが急務となっています。慶應義塾では、義塾における教養教育の休むことのない構築と、その基盤にある「教養」というものについての抜本的検討を研究課題として、2002年7月に「慶應義塾大学教養研究センター」を発足させました。その主たる目的は、多分野・多領域にまたがる内外との交流を軸に、教養と教養教育のあり方に関する研究活動を推進して、未来を切り拓くための知の継承と発展に貢献しようとすることにあります。

　教養教育の目指すところが、単なる細切れの知識で身を鎧うことではないのは明らかです。人類の知的営為の歴史を振り返れば、その目的は、人が他者や世界と向き合ったときに生じる問題の多様な局面を、人類の過去に照らしつつ「今、ここで」という現下の状況のただなかで受け止め、それを複眼的な視野のもとで理解し深く思惟をめぐらせる能力を身につけ、各人各様の方法で自己表現を果たせる知力を養うことにあると考えられます。当センターではこのような認識を最小限の前提として、時代の変化に対応できる教養教育についての総合的かつ抜本的な踏査・研究活動を組織して、その研究成果を広く社会に発信し積極的な提言を行うことを責務として活動しています。

　もとより、教養教育を担う教員は、教育者であると同時に研究者であり、その学術研究の成果が絶えず教育の場にフィードバックされねばならないという意味で、両者は不即不離の関係にあります。今回の「教養研究センター選書」の刊行は、当センター所属の教員・研究者が、最新の研究成果の一端を、いわゆる学術論文とはことなる啓蒙的な切り口をもって、学生諸君をはじめとする読者にいち早く発信し、その新鮮な知の生成に立ち会う機会を提供することで、研究・教育相互の活性化を図ろうとする試みです。これによって、研究者と読者とが、より双方向的な関係を築きあげることが可能になるものと期待しています。なお、〈Mundus Scientiae〉はラテン語で、「知の世界」または「学の世界」の意味で用いました。

　読者諸氏の忌憚のないご批判・ご叱正をお願いする次第です。

慶應義塾大学教養研究センター所長

不破　有理（ふわ　ゆり）

慶應義塾大学経済学部教授。神奈川県立光陵高校卒業後、横浜国立大学教育学部英語科入学。在籍中に文部省（現文部科学省）の留学制度によりケンブリッジ大学ホマトン・コレッジ留学、Elisabeth Brewer氏に師事、慶應義塾大学大学院文学研究科英米文学専攻修士課程入学、高宮利行氏に師事、同博士課程満期取得単位取得退学。北ウェールズ（現バンゴール）大学「アーサー王伝説コース」でP. J. C. Field氏に師事、修士号取得。国際アーサー王学会日本支部副会長・会長歴任。

　専門はアーサー王伝承（特にモードレッド像）、中世主義。近年はサー・トマス・マロリー『アーサー王の死』の19世紀英国出版史の研究を国内外で発表中。主訳書に『騎士道とジェントルマン』（共訳、三省堂、1986年）、近著に「日本初のアーサー王物語──夏目漱石「薤露行」とシャロットの女」『いかにしてアーサー王は日本で受容されサブカルチャー界に君臨したか』（小宮真樹子・岡本広毅編著、みずき書林、2019年）所収、"Curtana, 'Monjoie' to Clarente? : Notes on the Sword of Mordred in the alliterative *Morte Arthure*", «*Si est tens a fester*» *Hommage à Philippe Walter*, Etudes réunies par Kôji Watanabe (Tokyo: CEMT Editions, 2022) など。

慶應義塾大学教養研究センター選書 23

「アーサー王物語」に憑かれた人々
──19世紀英国の印刷出版文化と読者

2023年4月28日　初版第1刷発行

著者──────不破有理
発行・編集───慶應義塾大学教養研究センター
　　　　　　　代表者　片山杜秀
　　　　　　　〒223-8521　横浜市港北区日吉4-1-1
　　　　　　　TEL：045-566-1151
　　　　　　　https://lib-arts.hc.keio.ac.jp/
制作・販売───慶應義塾大学出版会株式会社
　　　　　　　〒108-8346　東京都港区三田2-19-30
装丁──────斎田啓子
印刷・製本───株式会社 太平印刷社